# 砥砺奋进

## 庆祝湖北省检察机关恢复重建四十周年

湖北省人民检察院 编著

中国检察出版社

**图书在版编目（CIP）数据**

砥砺奋进：庆祝湖北省检察机关恢复重建四十周年／湖北省人民检察院编著．— 北京：中国检察出版社，2019.2

ISBN 978-7-5102-2246-7

Ⅰ．①砥… Ⅱ．①湖… Ⅲ．①检察机关—工作—成就—湖北 Ⅳ．①D926.32

中国版本图书馆 CIP 数据核字（2019）第 009829 号

**砥砺奋进**

庆祝湖北省检察机关恢复重建四十周年

湖北省人民检察院　编著

出版发行：中国检察出版社

社　　址：北京市石景山区香山南路 109 号（100144）

网　　址：中国检察出版社（www.zgjccbs.com）

编辑电话：（010）86423703

发行电话：（010）86423726　86423727　86423728

（010）86423730　68650016

经　　销：新华书店

印　　刷：北京华联印刷有限公司

开　　本：889 mm×1194 mm　16 开

印　　张：18.75

字　　数：465 千字

版　　次：2019 年 2 月第一版　2019 年 2 月第一次印刷

书　　号：ISBN 978-7-5102-2246-7

定　　价：198.00 元

# 编委会

# 序 立足新起点

知史以明鉴，查古以至今。

40年前，在党和国家面临向何处去的重大历史关头，伴随着改革开放这场新的伟大革命，党和人民作出重要决断，重新设置人民检察院。1978年6月1日，最高人民检察院正式挂牌办公，标志着检察机关恢复重建。1978年12月，党的十一届三中全会召开，我国进入改革开放历史新时期，人民检察事业也迎来了蓬勃发展的春天。在这样的背景下，截至1979年底，湖北共新建、重建检察机关102个，配置检察人员1873人，走上了改革发展的新征程。回望40年湖北检察的风雨历程，我们在党中央、最高检和省委的坚强领导下，发展思路更加科学，监督职能不断完善，制度机制逐步健全，基础设施更加完备，队伍素能持续提升，为湖北经济社会持续健康发展发挥了重要作用。

湖北省人民检察院<br>党组书记、检察长、<br>二级大检察官

王晋

**恢复重建40年，是湖北检察机关工作思路与时俱进，发展理念接续创新的40年。**40年来，我们始终坚持围绕中心、服务大局谋划检察工作思路，创新检察工作理念。从恢复重建之初的“党委领导、群众路线、执法必严、违法必究、保障民主、加强专政、实现大治、促进四化”的工作方针，到“严格执法，狠抓办案”，再到“强化法律监督，维护公平正义”，再到第十四次全省检察工作会议确立的“依法履职尽责、服务保障

# 书写新篇章

大局”工作主线，深耕细作、务实重行、开拓创新、担当作为“四种精神”和政治建检、业务立检、人才兴检、科技强检、从严治检“五大发展战略”，这些思路、理念一脉相承、接续创新，所体现的是法治建设、检察工作理念与实践的发展进步！

**恢复重建40年，是湖北检察机关法律监督职能不断完善，监督作用日益彰显的40年。**40年来，随着全面依法治国深入推进和人民群众法治需求不断增长，中国特色社会主义检察制度得到极大发展，法律监督职能不断完善，法律监督的范围从刑事诉讼扩大至民事诉讼、行政诉讼和公益诉讼领域，且各领域的监督对象、监督范围、监督方式等不断丰富。全省检察机关始终坚持宪法定位，认真履行宪法和法律赋予的职责，持续深化司法改革和检察改革，推动了各项工作持续健康发展，为维护国家政治安全、确保社会大局稳定、促进社会公平正义、保障人民安居乐业作出了积极贡献。

**恢复重建40年，是湖北检察机关检务保障持续加强，科技强检日新月异的40年。**40年前，我们的交通工具主要是自行车、摩托车，文件是用铅字刻在蜡纸上印刷，我们的办公楼和宿舍楼也简陋、狭窄。40年来，我们坚持强化检务保障，不断加强基础设施建设，努力提升检察工作信息化智能化水平。如今，全省检察机关“两房”建设基本完成，信息化、智能化水平不断提升，我们拥有宽敞明亮的办公楼、现代化的办案工具、智能化的办案系统，办公环境得到极大改善，办案方式发生根本性转变，科技强检战略实施取得显著成效，并且还将取得更大的发展，这是时代发展、科技进步在检察机关的重要体现。

**恢复重建40年，是湖北检察机关几代检察人薪火相传，队伍素能持续过硬的40年。**40年来，省院机关先后历经了六位检察长（代理检察长）。在他们的带领下，全省检察机关持之以恒提升队伍的政治素质、业务素质和职业道德素质，全体检察人员奋勇拼搏、恪尽职守，为维护宪法和法律统一正确实施付出了艰辛努力，在此过程中，涌现出一批批忠于职守、无私奉献、公正司法、勇于创新的先进典型。他们身上所体现的，是人民检察事业薪火相传、接续奋斗的精神传承。

雄关漫道真如铁，而今迈步从头越！

编辑《砥砺奋进——庆祝湖北省检察机关恢复重建四十周年》画册，就是为了全面回顾总结过去40年湖北检察事业的光辉历程，充分展示过去40年湖北检察事业的重大成就，突出宣传为湖北检察事业发展进步作出卓越贡献的先进典型，热情讴歌广大干警深耕细作、务实重行、开拓创新、担当作为的精神，增强做好新时期湖北检察工作的光荣感和责任感，为谱写新时代湖北高质量发展新篇章作出新的更大贡献。

**我们要始终坚持党对检察工作的绝对领导不动摇，确保检察工作沿着正确方向砥砺前行。**检察机关是党领导下的政治机关，我们要牢牢把握检察机关的政治属性，始终把政治建设摆在首位，持续深入地学习贯彻习近平新时代中国特色社会主义思想和党的十九大精神，旗帜鲜明地坚持党的绝对领导，坚决维护习近平总书记党中央的核心、全党的核心地位，坚决维护党中央权威和集中统一领导，在政治上思想上行动上始终同以习近平同志为核心的党中央保持高度一致。坚决执行党中央决策部署，落实最高检、省委各项工作要求，坚持重大事项报告制度，扎实开展“不忘初心、牢记使命”主题教育，推进“两学一做”学习教育常态化制度化，把讲政治落实到具体岗位、具体职责、具体工作中，落实到司法办案的各个环节，确保新时代检察工作正确航向。

**我们要始终坚持服从大局、服务人民不动摇，努力提供更加优质高效的法治产品、检察产品。**聚焦大局、服务大局、保障大局，是检察机关必须担当起的重大历史使命。我们要牢固树立总体国家安全观，切实履行好维护国家政治安全这个首要政治任务；要深入推进“扫黑除恶”专项斗争，把“破网打伞”作为主攻方向，坚决维护社会大局稳定；要把服务保障打好“三大攻坚战”作为重点任务，既打击犯罪、维护稳定，又化解风险、促进发展；要聚力聚焦新时代人民群众对美好生活的新需求，更加精准地完成脱贫攻坚任务；要切实发挥检察官作为公共利益代表的职责使命，加强生态环境保护，加强民生保障，着力解决老百姓最恨最怨最烦的突出问题，不断增强人民群众获得感、幸福感、安全感。

**我们要始终坚持聚焦新时代法律监督职责不动摇，下大气力做实做强做优主责主业。**发展和完善中国特色社会主义检察制度，离不开法律监督这个根本属性。转隶后的检察工作迎来了新的转机，我们要以贯彻落实修改后人民检察院组织法和刑事诉讼法为契机，聚焦法律监督主责主业，做优刑事检察工作，做强民事检察工作，做实行政检察工作，做好公益诉讼检察工作，促进刑事、民事、行政、公益诉讼各项检察工作全面协调充分发展。要坚持用新理念、新办法、新方式推动构建与被监督者之间的良性、互动、积极关系，实现双赢多赢共赢，引领社会发展进步，谱写新时代法律监督创新发展新篇章。

**我们要始终坚持探索实践、深化改革不动摇，开拓湖北检察工作创新发展新局面。**深化改革是解决检察工作存在的突出矛盾和问题，推动新时代检察工作创新发展的最根本途径。我们要自觉在全面深化改革的战略布局中持续深化司法改革。要坚持全面落实司法责任制，对改革执行和落实中的问题持续做好“精装修”。要坚定以专业化建设为方向，抓好内设机构改革，优化刑事检察部门设置，设立公益诉讼检察部门，加强民事、行政检察部门建设，更好履行国家法律监督机关职责。要加快推进智慧检务建设，积极运用大数据、人工智能破解难题，全面提升检察工作信息化、智能化、现代化水平。

**我们要始终坚持全面从严治党、从严治检不动摇，持续加强过硬检察队伍建设。**抓党建带队建促业务，是检察机关的优良传统。我们要牢牢把握“重自强”的要求，始终坚持以政治建设为统领，发挥党建引领作用，确保检察队伍绝对忠诚、绝对纯洁、绝对可靠。要坚持把专业化建设摆到突出位置来抓，着力培养队伍的专业能力、专业精神，不断提高办案质量和效率。要进一步加强全省检察机关先进典型培育工作，用身边可敬可亲可学的先进典型引领队伍。要坚持以更严标准加强纪律作风建设，用好监督执纪“四种形态”，切切实实把检察队伍建设成为既政治过硬又本领高强的革命化、正规化、专业化、职业化队伍。

站在新的历史起点，湖北检察机关将不忘初心、牢记使命，坚持以习近平新时代中国特色社会主义思想为指引，深入贯彻落实党的十九大精神和习近平总书记视察湖北重要讲话精神，深入学习贯彻习近平总书记在庆祝改革开放40周年大会上的重要讲话精神，秉承和发扬40年来的宝贵经验，树牢“四个意识”，坚定“四个自信”，坚决做到“两个维护”，讲政治、顾大局、谋发展、重自强，奋力书写荆楚检察新篇章，努力答好新时代检察工作人民满意答卷，为在新时代开创中国特色社会主义检察事业新局面贡献湖北力量！

1978年5月，中共中央发出关于重建检察机关的通知（中发〔1978〕21号），中共湖北省委决定重建湖北省人民检察院。8月，中共湖北省委发出《关于省人民检察院机构编制的通知》，同时撤销省公安局检察处。随后，机构、人员、办公场所等陆续到位。从恢复重建到稳步发展，从与时俱进到书写新篇，湖北检察机关走过了筚路蓝缕、薪火相传的40年辉煌历程。

参加审判“四人帮”、平反冤假错案、严惩经济犯罪、严打刑事犯罪、设立乡镇检察室、设立举报中心、成立反贪局、成立民事检察机构、参与“98抗洪”、实施公诉改革、推动干部人事和机构改革、实施“固基工程”、办理刘汉、刘维等黑社会性质组织犯罪案（“1·10”专案）和蒋洁敏、李春城、王永春、郭永祥、王敏、陈雪枫、吴天君等重大专案、推进检察一体化建设、实施“小院整合”改革、推进诉讼监督“四化”改革、打造“鄂检网阵”、推进司法责任制改革、出台“鄂检十条”、顺利完成为期两年的提起公益诉讼试点、开展“保护生态环境、促进绿色发展”以及服务和保障创新驱动发展专项法律监督工作、深入推进扫黑除恶专项斗争、以97.28%的

# 砥砺奋进四十年

## ——湖北省检察机关简介

人大赞成率高票通过检察工作报告并创造启用表决器以来历史新高……

40年来，古博、房昭义、钟澍钦、靳军、敬大力、王晋等前后六任检察长（代理检察长）带领全省广大检察干警认真贯彻落实中央、最高检、省委各项决策部署，与国家风雨同路，与时代命运与共，与人民血肉相连，励精图治、勠力同心、接续奋斗，用苦干与实干写下了属于湖北检察人的光荣与梦想。

当前，湖北省检察机关共有三级130个检察院（含3个铁路运输检察院、4个派出监狱检察院），除省检察院外，还有市州分检察院15个，县级检察院114个。现有干警8652人，其中入额检察官2812名。

近年来，全省检察机关在最高检和省委坚强领导下，紧紧围绕谱写新时代湖北高质量发展新篇章，以“依法履职尽责、服务保障大局”为主线，着力加强法律监督，深化司法改革，建设过硬队伍，打牢基层基础，各项工作保持了持续健康发展的良好态势。

**在服务保障大局方面，**紧紧围绕经济发展和民生改善聚焦发力，制定实施服务非公经济发展“鄂检十条”、服务创新驱动发展“九条意见”等文件，组织开展“保护生态环境，促进绿色发展”等10多个专项工作，既加大了法律监督的力度，也彰显了司法活动的温度，为湖北高质量发展提供了优质检察产品，最高检、省委主要领导多次作出重要批示、给予肯定。

**在保安全护稳定方面，**坚持总体国家安全观，坚决打击危害国家安全犯罪，深入开展扫黑除恶、打击非法集资等专项斗争，成功办理了刘汉、刘维等36人黑社会性质组织犯罪案（“1·10”专案）等一批重大专案，“法治进校园”等活动影响力大、效果好，为平安湖北建设提供了强大助力。

**在反腐倡廉建设方面，**坚持“老虎”“苍蝇”一起打，圆满办结蒋洁敏、李春城、王永春、郭永祥、王敏、陈雪枫等重大专案，优质高效地完成了查办和预防职务犯罪使命，并顺利完成职务犯罪侦防职能、机构、人员转隶，初步构建与监委衔接协调机制，为反腐败大局作出了特殊而重要的贡献。

**在诉讼监督方面，**侦查监督、刑事审判监督、民事检察、行政检察、刑事执行检察等工作稳中有进，抗诉、再审检察建议、通知纠正违法、检察建议等多元监督格局进一步形成，检察环节防冤纠错机制不断健全。

**在司法体制改革方面，**坚持全面深化司法体制改革，司法责任制改革基本完成，新的检察权运行机制已经建立，人员分类管理全面到位，检察官工资改革、三类人员绩效奖金全面落实，干警政治、经济、生活等待遇水平明显提升，财物省级统管、公益诉讼等改革全国领先，以审判为中心的刑事诉讼制度改革、认罪认罚从宽制度深入推进，案件管理机制改革后发赶超，办成了许多过去想办而没有办成的大事，检察事业焕发出新的生机活力。

**在队伍建设方面，**按照“五个过硬”的要求，深入开展党的群众路线、“三严三实”、“两学一做”及其常态化制度化、“不忘初心、牢记使命”等主题教育和实践活动，坚决做到“两个维护”；不间断开展专业能力培训，全国、全省检察业务专家达到102名；深入推进全面从严治检，落实“两个责任”，持续整治“四风”，检察队伍革命化、正规化、专业化、职业化水平迈上新台阶。

**在基层基础建设方面，**树立大抓基层基础的鲜明导向，基层法律监督、人员素质、经费保障水平明显提升，基建债务全部化解，省院连续5届10年荣获全国基层院建设组织奖，全省49个院被评为全国模范院和先进基层院；“智慧检务”提速升级，统一业务系统全面应用，“鄂检网阵”、案件管理中心、12309检察服务中心等检察宣传、便民服务平台不断拓展，检察工作社会影响力不断增强。

近年来，湖北省检察机关以服务大局、司法为民的实际行动赢得了各级党委充分肯定和人民群众普遍赞誉，业务工作总体靠前，批捕、公诉、职务犯罪侦防、侦查监督、刑事审判监督、民事检察、行政检察、刑事执行检察、控告申诉检察等业务的多项指标位居全国前十位，打造了“两法衔接”、未检、虚假诉讼监督、公益诉讼、司法警察编队管理等多个亮点和品牌；检察信息、保密、档案、宣传、理论研究、检察联络等工作也在全国全省有位次、有影响；队伍建设、党建、综治、文明创建、目标责任考核等方面获得了一系列殊荣，过去5年共有352个集体和285名个人受到中央和最高检、省委、省政府表彰。

梦想照亮前方路，初心激励脚下行。全面依法治国的道路无限广阔，击鼓催征的召唤一声紧似一声。在新时代的号角中，湖北检察机关将以习近平新时代中国特色社会主义思想为指引，树牢“四个意识”，坚定“四个自信”，坚决做到“两个维护”，风雨无阻风雨兼程，永远用奋斗定义自己，不负时代的馈赠，不负历史的青睐，奋力当好新时代中国特色社会主义的建设者和捍卫者，奋力书写新时代湖北检察高质量发展新篇章！

# 目录
Contents

# 领导关怀

LINGDAOGUANHUAI

党的领导、人大监督、政府支持和政协民主监督，是人民检察工作的根本保证。1978年以来，在中央、最高检和湖北省委的亲切关怀和直接领导下，各项检察工作成效显著，各项检察改革成果丰硕，湖北检察事业不断发展壮大，成就辉煌。

**我们的法律，是劳动人民自己制定的。它是维护革命秩序，保护劳动人民利益，保护社会主义经济基础，保护生产力的。我们要求所有的人都遵守革命法制。**

毛泽东（1957年1月）

加强检察机关和司法机关，做到有法可依，有法必依，执法必严，违法必究。

邓小平（1978年12月）

**依法治国，是党领导人民治理国家的基本方略，是发展社会主义市场经济的客观需要，是社会文明进步的重要标志，是国家长治久安的重要保障。**

江泽民（1997年9月）

加强宪法和法律实施，坚持公民在法律面前一律平等，维护社会公平正义，维护社会主义法制的统一、尊严、权威。

胡锦涛（2007年10月）

**检察官作为公共利益的代表，肩负着重要责任。**

**中国检察机关是国家的法律监督机关，承担惩治和预防犯罪、对诉讼活动进行监督等职责，是保护国家利益和社会公共利益的一支重要力量。**

习近平（2017年9月）

# 中央领导与湖北检察

◎ 1981年，全国人大常委会委员长彭真亲临湖北视察，与湖北省委书记陈丕显、省长韩宁夫等合影（二排左三为时任湖北省人民检察院检察长房昭义，四排右三为时任湖北省人民检察院副检察长钟澍钦）

◎ 1984年8月，王震等中央领导同志与全国检察长工作会议代表合影（二排右九为时任湖北省人民检察院检察长钟澍钦）

◎ 1992年5月，中共中央政治局常委、中央政法委书记乔石接见第九次全国检察工作会议代表，时任湖北省人民检察院副检察长靳军受到接见

◎ 1998年10月，中共中央政治局常委、中央纪委书记尉健行，中共中央政治局委员、中央政法委书记罗干接见第三届中国十大杰出检察官，时任武汉市人民检察院副检察长、1977年“全国五一劳动奖章”获得者孙原琍受到接见

◎ 2004年8月，中共中央政治局常委、中央政法委书记罗干接见全国基层检察院建设工作会议代表，湖北省人民检察院检察长靳军（前排左二）受到接见

◎ 2004年，中共中央政治局常委、时任湖北省委书记俞正声会见最高人民检察院副检察长邱学强，湖北省人民检察院检察长靳军（左一）陪同会见

◎ 2016年7月，中共中央政治局委员、中央政法委书记孟建柱到湖北省人民检察院看望慰问检察干警

◎ 2012年5月20日，中共中央政治局委员、时任湖北省委书记李鸿忠视察国家检察官学院湖北分院汤逊园校区，湖北省人民检察院检察长敬大力（左一）陪同视察

# 最高人民检察院检察长与湖北检察

◎ 1979年10月，最高人民检察院检察长黄火青（前排左十五）到湖北考察，与湖北省人民检察院领导和市州分院检察长合影

◎ 1986年11月，最高人民检察院检察长杨易辰（左五）到湖北考察，与湖北省人民检察院部分检察人员合影

◎ 1991年，最高人民检察院检察长刘复之（左三）到湖北考察，湖北省委政法委书记田期玉（右一）陪同

◎ 1995年4月，最高人民检察院检察长张思卿到湖北考察，深入基层检察院调研，并挥毫题词

◎ 1998年11月，最高人民检察院检察长韩杼滨（左四）到湖北考察，与湖北省人民检察院领导班子成员合影

◎ 2005年2月，最高人民检察院检察长贾春旺到湖北视察，接见湖北省人民检察院全体成员

◎ 2008年12月，最高人民检察院检察长曹建明到湖北视察，与湖北省人民检察院全体成员亲切握手

◎ 2018年4月，最高人民检察院检察长张军到湖北省人民检察院视察，通过远程视频系统慰问基层干警

# 湖北省委领导与湖北检察

◎ 1988年，湖北省委书记关广富（前排右三）接见第八次全省检察工作会议代表

◎ 1996年8月，湖北省委书记贾志杰（左一）、湖北省长蒋祝平（左三）、湖北省委政法委书记刘荣礼（右二）参加第十次全省检察工作会议

◎ 2001年1月18日，湖北省委书记蒋祝平（中）视察湖北省人民检察院

◎ 2008年4月，湖北省委书记、省人大常委会主任罗清泉（左一）为武汉铁检分院检察长颁发任命书

◎ 湖北省委书记、省人大常委会主任蒋超良

2018年2月6日，湖北省委书记、省人大常委会主任蒋超良批示肯定2017年湖北检察工作，并对进一步做好检察工作提出要求。

蒋超良同志批示内容为：一年来，全省检察机关坚决贯彻落实党中央决策部署，按照最高人民检察院和省委要求，依法履职尽责，全面强化检察监督，全力配合监察体制改革，深化司法改革，各项工作取得很大成绩。希望全省检察机关深入贯彻落实习近平新时代中国特色社会主义思想和党的十九大精神，贯彻落实习近平总书记关于政法工作重要指示精神，强化政治意识、大局意识、核心意识、看齐意识，坚持党对检察工作的绝对领导，聚焦法律监督主责主业，持续加强过硬检察队伍建设，全面做好新时代检察工作，充分发挥检察机关职能作用，为决胜全面建成小康社会、全面建设社会主义现代化强省作出新贡献。

# 接续发展

JIEXUFAZHAN

一茬接着一茬干，一棒接着一棒跑。

历史的画卷总是在接续奋斗中铺展，伟大的事业总是在继往开来中成就。从租用湖北省人民政府招待所的青砖黛瓦，到如今雄楚大道上轩昂楼宇的窗明几净；从恢复重建后历任检察长（代理检察长）：古博、房昭义、钟澍钦、靳军、敬大力、王晋的薪火相传，到40年来无数检察干警的接续奋斗，湖北检察事业不断巩固和发展，迎来了翻天覆地的变化。

征程万里，初心如磐。站在新的起点上，湖北检察干警满怀建设一流检察业绩的坚定信心，在新时代中国特色社会主义的康庄大道上阔步前进。

# 湖北省人民检察院（署）办公地址变迁

◎ 1950年8月至1951年1月湖北省人民检察署办公地址——黄鹤楼道21号（现85号）

◎ 1951年1月至1954年4月湖北省人民检察署办公地址——荆南街44号（现31号）

◎ 1954年4月至1969年2月湖北省人民检察署（院）办公地址——彭刘杨路13号（原民国时期湖北省高等审判厅旧址）

◎ 1978年11月至1985年3月湖北省人民检察院办公地址——首义路93号（原湖北省政府第二招待所旧址）

◎ 1985年3月至2003年12月湖北省人民检察院办公地址——彭刘杨路251号（现243号）

◎ 2003年12月至2017年湖北省人民检察院办公地址——雄楚大街356号

◎ 2017年至今湖北省人民检察院办公大楼——雄楚大街356号

# 湖北省检察院（署）历任检察长

**陈一新** 检察长

任职时间

1950.11–1955.03

**周光坦** 检察长

任职时间

1955.04–1966.11

**古　博** 代理检察长

任职时间

1978.09–1980.01

**房昭义** 检察长

任职时间

1980.02–1983.04

**钟澍钦** 检察长

任职时间

1983.05-1998.01

**靳　军** 检察长

任职时间

1998.02-2006.01

**敬大力** 检察长

任职时间

2006.02—2016.01

**王　晋** 检察长

任职时间

2016年2月—

# 湖北省检察院（署）历任院领导

**邓少云** 党组成员、副检察长

**程超明** 党组副书记、副检察长

**田　忠** 党组成员、副检察长

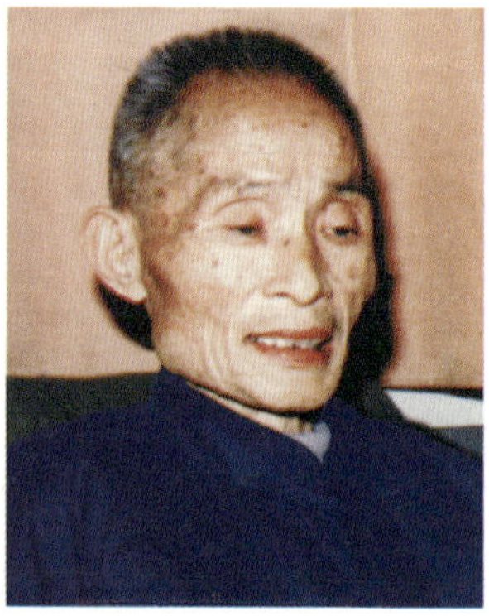

**简佐国** 党组副书记、副检察长

**丁　一**（原名孙盛渭） 党组成员、副检察长

**马　良**（原名刘伯华） 党组成员、副检察长

**张理清** 党组副书记、副检察长

**何　明** 党组成员、副检察长

**庄乾明** 党组成员、副检察长

**谢传纪** 党组副书记、副检察长

**程秀杰** 党组副书记、副检察长

**周冶陶** 党组成员、副检察长

**董良才** 党组成员、副检察长

**谭国爱** 党组成员、纪检组组长

**黄柏权** 党组副书记、副检察长

**徐汉明** 党组副书记、副检察长

陈亚林 党组副书记、副检察长

张正新 党组副书记、副检察长

孙应征 党组成员、副检察长

朱小林 党组成员、副检察长

林伯昌 党组成员、纪检组组长

王铁民 党组副书记、副检察长

王　曦 副检察长

许兴明 党组成员、副检察长

**余顺生** 党组成员、纪检组组长

**龚举文** 党组成员、副检察长

**杨武力** 党组成员、反渎职侵权局局长

**尹晔斌** 党组成员、反贪污贿赂局局长

# 湖北省人民检察院现任院领导

王　晋　党组书记、检察长

郑　青　党组副书记、常务副检察长

王永金　党组副书记、副检察长

何　畏　党组成员、纪检组组长

许发民　副检察长

彭胜坤　副检察长

金　鑫　党组成员、副检察长

冯新华　党组成员

杨剑波　党组成员、政治部主任

◎ 湖北省人民检察院现任院领导合影（摄于2018年11月30日）

# 步履铿锵

BULVKENGQIANG

**创业艰难百战多**

古博同志任代理检察长、房昭义同志任检察长时期的湖北检察工作

**乘风破浪正当时**

钟澍钦同志任检察长时期的湖北检察工作

**奋楫扬帆行致远**

靳军同志任检察长时期的湖北检察工作

**勇立潮头敢担当**

敬大力同志任检察长时期的湖北检察工作

**务实重行谱新篇**

王晋同志任检察长时期的湖北检察工作

# 创业艰难百战多

## ——古博同志任代理检察长、房昭义同志任检察长时期的湖北检察工作

“筚路蓝缕，以启山林”，这个源自荆楚大地的成语，用来形容湖北检察最为合适。

从1978年9月至1983年4月，从古博代理检察长到房昭义检察长，从百废待兴到步入正轨并初具规模，这一时期的湖北检察机关根据最高检要求，陆续调进干部，充实机构，全体检察干警珍惜机遇，一边建设，一边工作，以“敢教日月换新天”的精神迎难而上，争分夺秒，埋头苦干，为新时期湖北检察工作全面发展进步奠定了坚实的基础。

1978年3月，第五届全国人民代表大会第一次会议通过了修改后的《中华人民共和国宪法》，明确规定设置人民检察院。5月，中共中央发出关于重建检察机关的通知（中发〔1978〕21号），中共湖北省委决定重建湖北省人民检察院。8月，中共湖北省委发出《关于省人民检察院机构编制的通知》，同时撤销省公安局检察处。9月，中共湖北省委调咸宁地委副书记、行署专员古博代理湖北省人民检察院检察长，任命简佐国、何明、钟澍钦为副检察长，并负责机关筹建工作。11月17日，中共湖北省委决定，湖北省人民检察院重建后借用省人民政府第二招待所办公（现武昌首义路93号），重新启用“湖北省人民检察院”印章。

1979年第七次全省检察工作会议加快了湖北省检察机关恢复重建步伐，1980年刑法和刑事诉讼法的实施为检察机关依法履行法律监督职责提供了法律依据。全省检察干警在贯彻第七次全国、全省检察工作会议，特别是贯彻党的十一届三中全会精神，解放思想，拨乱反正的基础上，通过学习法律，执行法律，提高了业务能力，增强了依法办案的信心，各项工作取得了较好的成绩，基本上担负起了法律赋予检察机关的职责。

这一时期，在各级党委和政府的领导支持下，全省检察机关配合公安机关和人民法院，积极投入审理林彪、江青反革命集团在湖北的余党夏邦银、朱鸿霞、胡厚民、张立国反革命案件，为“文革”时期造成的冤假错案平反，湖北检察各项工作开始走上正常发展的轨道。

## 古　博　代理检察长

**任职时间**

1978.09-1980.01

男，汉族，1915年生，河南修武人，高中学历。1939年7月加入中国共产党。抗日战争时期，1938年8月在华北军政干校学习，1939年1月毕业被派往山西工作，先后任长治县专署训练班政治指导员、阳城公安局巡官、壶关县税务局稽征主任。1940年5月调冀鲁豫军区工作，任军区4团、21团教育干事。1942年8月任鲁西南荣军教养所指导员。1943年4月奉命到鲁西南齐滨县开展敌后抗日工作，先后任区长、区委书记、县大队副政治委员。解放战争时期，1945年12月任冀鲁豫一纵队19旅56团教导员、组织股长。1948年2月随军南下，任孝感县委委员、组织部长、副县长、县长、县委副书记、书记。新中国成立后，1953年5月任孝感专署副专员，1954年9月任地委组织部部长。1957年10月任黄陂县委第一书记。1959年8月至1961年，任蒲圻陆水工地党委副书记、书记。1961年1月任武汉市交通局局长。1961年5月任孝感地区副专员。1965年调咸宁地区工作，历任副专员、革命委员会副主任、地委副书记、专员。1978年9月任湖北省人民检察院代检察长、党组书记。1980年1月任省林业厅厅长、党组书记。1983年4月任湖北省第六届人大常委会委员。1986年12月离休。2010年9月9日因病逝世，享年95岁。

## 房昭义　检察长

**任职时间**

1980.02-1983.04

男，汉族，1917年12月生，山东禹城人，中师学历。1938年3月加入中国共产党。抗日战争时期，1938年1月在陕北公学学习，半年后被组织派往陕甘宁边区保安处训练班学习。1939年1月任陕甘宁边区保安处便衣队队长。1940年10月任固临县外勤组长。1942年1月奉命回保安处工作，任科员。解放战争时期，1946年3月随军进入东北，历任黑龙江省绥化县警一旅保卫科长、县委常委、公安局长、龙南专署公安处长、黑龙江省公安厅副厅长。1949年初随部队南下，历任江西省庐山接收组负责人、江西省公安厅秘书处长。新中国成立后，1950年7月任中南公安部经济保卫处处长。1953年3月任长江公安局副局长。1954年6月任湖北省公安厅副厅长兼黄石市公安局局长。1955年任中共黄石市委常委、市委副书记、公安局局长。1956年1月至1965年2月，任湖北省人民检察院副检察长、党组副书记。1965年2月至1969年12月，代理湖北省人民检察院党组书记、检察长。“文革”期间受迫害，后下放湖北沙洋“五七”干校。1972年任湖北省地质局副局长。1975年7月任湖北省公安局副局长、第二书记。1980年2月任湖北省人民检察院检察长、党组书记。1983年4月任湖北省第六届人大常委会委员。1989年离休。1991年任最高人民检察院咨询委员会委员。2007年11月11日因病逝世，享年90岁。

# 一、恢复重建时期的文件和印章

◎ 湖北省人民检察院借用省政府第二招待所（武昌首义路93号）办公

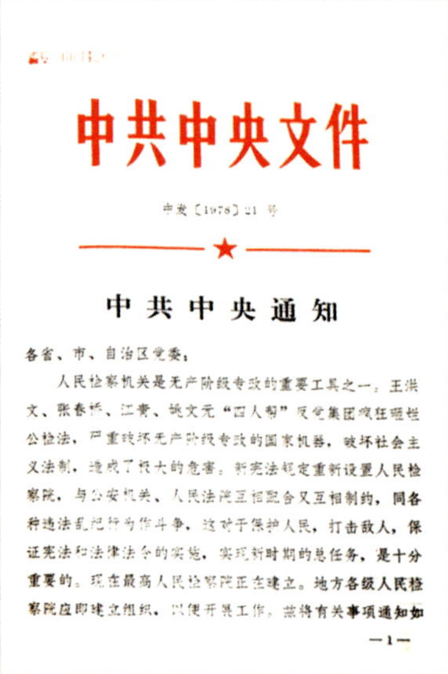

中共中央文件

中发〔1978〕21号

中共中央通知

各省、市、自治区党委：

人民检察机关是无产阶级专政的重要工具之一。王洪文、张春桥、江青、姚文元“四人帮”反党集团疯狂砸烂公检法，严重破坏无产阶级专政的国家机器，破坏社会主义法制，造成了极大的危害。新宪法规定重新设置人民检察院，与公安机关、人民法院互相配合又互相制约，同各种违法乱纪行为作斗争。这对于保护人民，打击敌人，保证宪法和法律法令的实施，实现新时期的总任务，是十分重要的。现在最高人民检察院正在建立。地方各级人民检察院应即建立组织，以便开展工作。兹将有关事项通知如

—1—

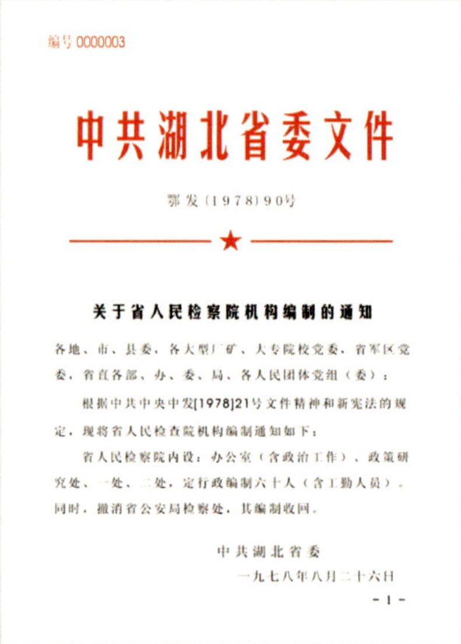

编号 0000003

中共湖北省委文件

鄂发（1978）90号

关于省人民检察院机构编制的通知

各地、市、县委，各大型厂矿、大专院校党委，省军区党委，省直各部、办、委、局、各人民团体党组（委）：

根据中共中央中发[1978]21号文件精神和新宪法的规定，现将省人民检查院机构编制通知如下：

省人民检察院内设：办公室（含政治工作）、政策研究处、一处、二处，定行政编制六十人（含工勤人员）。同时，撤消省公安局检察处，其编制收回。

中共湖北省委

一九七八年八月二十六日

-1-

◎ 1978年3月1日，第五届全国人民代表大会第一次会议通过的《中华人民共和国宪法》，明确规定设置人民检察院。同年8月，中共湖北省委发出《关于省人民检察院机构编制的通知》，同时撤销湖北省公安局检察处。1979年第七次全省检察工作会议推进了全省各级检察机关的重建工作，截至1979年底，全省新建、重建检察机关102个，配置检察人员1873人

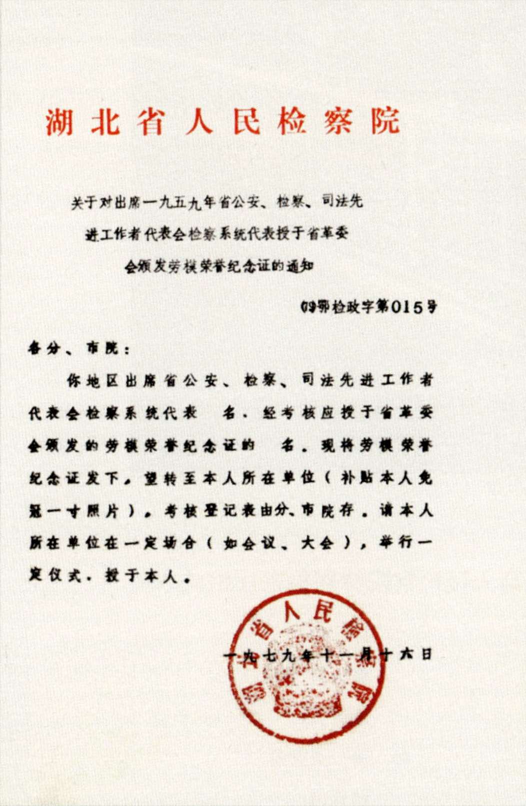

湖北省人民检察院

关于对出席一九五九年省公安、检察、司法先进工作者代表会检察系统代表授于省革委会颁发劳模荣誉纪念证的通知

(79)鄂检政字第015号

各分、市院：

你地区出席省公安、检察、司法先进工作者代表会检察系统代表　名．经考核应授于省革委会颁发的劳模荣誉纪念证的　名．现将劳模荣誉纪念证发下，望转至本人所在单位（补贴本人免冠一寸照片），考核登记表由分、市院存．请本人所在单位在一定场合（如会议、大会），举行一定仪式．授于本人．

一九七九年十一月十六日

◎ 1978年11月17日，中共湖北省委决定，湖北省人民检察院重建后借用省政府第二招待所（武昌首义路93号）办公，重新启用湖北省人民检察院印章

# 二、参加公诉林彪、江青反革命集团工作

1980年6月16日至次年1月31日，最高人民检察院调湖北省人民检察院副检察长钟澍钦参加对林彪、江青反革命集团案件检察起诉工作。9月29日，全国人大常委会任命钟澍钦等21人为最高人民检察院特别检察厅检察员，出庭支持公诉。

◎ 林彪、江青反革命集团主犯在被告席上

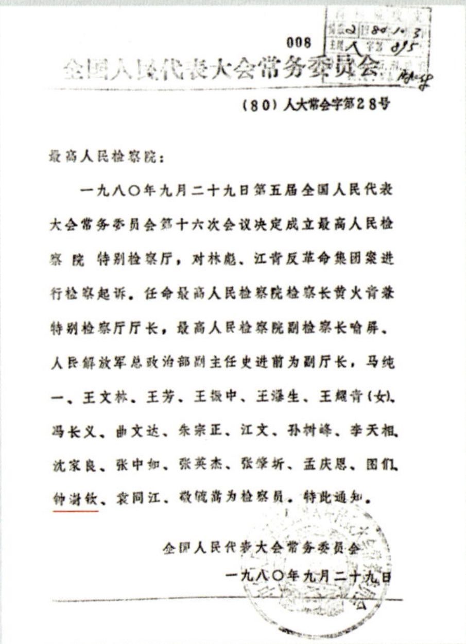

008

全国人民代表大会常务委员会

（80）人大常会字第28号

最高人民检察院：

一九八〇年九月二十九日第五届全国人民代表大会常务委员会第十六次会议决定成立最高人民检察院特别检察厅，对林彪、江青反革命集团案进行检察起诉。任命最高人民检察院检察长黄火青兼特别检察厅厅长，最高人民检察院副检察长喻屏、人民解放军总政治部副主任史进前为副厅长，马纯一、王文林、王芳、王振中、王瀑生、王耀青（女）、冯长义、曲文达、朱宗正、江文、孙树峰、李天相、沈家良、张中如、张英杰、张肇圻、孟庆恩、图们、钟澍钦、袁同江、敬毓嵩为检察员。特此通知。

全国人民代表大会常务委员会

一九八〇年九月二十九日

**最高人民检察院特别检察厅组成人员**

**厅　长**

黄火青

**副厅长**

喻　屏　史进前

**检察员**

马纯一　王文林　王　芳　王振中　王瀑声

王耀青（女）　冯长义　曲文达　朱宗正　江　文

孙树峰　李天相　沈家良　张中如　张英杰　张肇圻

孟庆恩　图　们　钟澍钦　袁同江　敬毓嵩

◎ 1980年9月29日，全国人大常委会批准成立最高人民检察院特别检察厅，任命特别检察厅组成人员（时任湖北省人民检察院副检察长钟澍钦为特别检察厅检察员之一）

◎ 特别检察厅厅长黄火青（前排左一），副厅长喻屏（左二）、史进前（左三）出庭支持公诉

◎ 特别检察厅成员在审判现场

◎ 1981年，最高人民检察院领导与特别检察厅部分成员合影（后排右三为时任湖北省人民检察院副检察长钟澍钦）

# 三、办理林彪、江青反革命集团在湖北的余党夏邦银、朱鸿霞、胡厚民、张立国反革命案件

1982年7月9日至28日，武汉市中级人民法院对夏邦银、朱鸿霞、胡厚民、张立国反革命案件进行了公开审理。公判大会上，省长韩宁夫发表了讲话，强调：这次审判的重大意义不仅在于彻底清算了夏、朱、胡、张的反革命罪行，打击了敌人，挖掉了危害湖北人民民主政权和社会主义事业的几条祸根；而且还在于进一步鼓舞和教育了人民，弘扬了社会主义法制，树立了依法办案的范例。

被告人夏邦银，男，时年46岁，汉族，湖北新州县人。逮捕前曾任中共中央第九届、第十届中央委员，中共湖北省委委员、湖北省革命委员会常委、汉阳轧钢厂党委副书记、通城县委副书记兼清水公社党委书记。

被告人朱鸿霞，男，时年48岁，回族，安徽寿县人。逮捕前曾任湖北省革命委员会副主任、省总工会副主任、大悟县革命委员会副主任兼宣化公社革命委员会主任。

被告人胡厚民，男，时年45岁，汉族，湖北武汉市人。逮捕前曾任湖北省革命委员会常委、省总工会副主任、罗田县委委员、县革命委员会副主任兼平湖公社党委书记。

被告人张立国，男，时年37岁，汉族，湖南湘阴县人，逮捕前曾任湖北省革命委员会副主任、共青团湖北省委书记、麻城县委常委、县革命委员会副主任兼乘马公社党委书记。

◎ 夏邦银、朱鸿霞、胡厚民、张立国案庭审现场

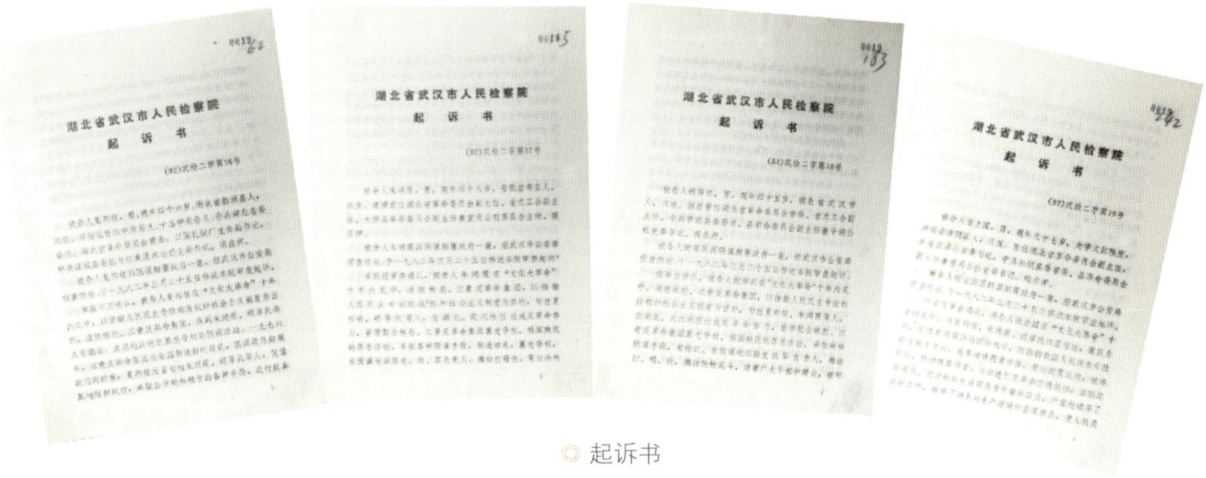

湖北省武汉市人民检察院
起 诉 书

湖北省武汉市人民检察院
起 诉 书

湖北省武汉市人民检察院
起 诉 书

湖北省武汉市人民检察院
起 诉 书

◎ 起诉书

◎ 武汉市检察机关“两案”工作人员合影

# 四、平反冤假错案

"文化大革命"期间，林彪、江青反革命集团肆意横行、倒行逆施，彻底砸烂了检察机关，社会主义法制建设受到空前破坏，全国一片混乱，广大干部和群众无辜受到乱捕滥押，以致造成大量的冤假错案。1978年检察机关重建后，认真按照中共中央关于拨乱反正、平反昭雪的指示精神，积极投入平反冤假错案工作中，维护公民的人身权利和民主权利。1979年第七次全国检察工作会议提出：在拨乱反正中，要坚持实事求是、有错必纠的原则，经过调查核实，不管哪一级组织定的，什么人批的，凡属冤案，一定要昭雪；凡属假案，一定要平反；凡属错案，一定要纠正。要做到迅速彻底，干净利落。

湖北省检察机关认真贯彻落实上级部署，从古博同志担任代理检察长时期，到房昭义同志担任检察长时期，再到钟澍钦同志担任检察长时期，三任领导带领广大干警接续奋斗，始终将平反冤假错案作为一项重要工作抓好落实，为稳定安定团结的政治局面作出了应有贡献。

为加快平反冤假错案工作速度，1986年最高人民检察院发出《关于抓紧处理检察机关经办的冤假错案的通知》，湖北省人民检察院就此进行了专门研究，提出了具体意见和要求，并在全省检察长会议上进一步安排部署。在复查冤假错案中，湖北省人民检察院多次派出工作组深入全省各级检察机关督促检查，复核验收。经过复查全省有235人的冤假错案得到平反纠正。据不完全统计，1979年到1986年，全省检察机关平反纠正"文化大革命"中的冤假错案共1845件。

通过拨乱反正、平反昭雪工作，维护了国家法制尊严，伸张了正义，恢复了蒙冤者的名誉，在国内外产生了良好反响。如武汉市人民检察院将受害人林尚华的错案纠正后，林在美国的亲属打来电话或写信称赞"中国共产党光明磊落，政府体恤人民"；林在国内的亲属将一面写有"明镜高悬，实事求是"的锦旗赠送给武汉市人民检察院。

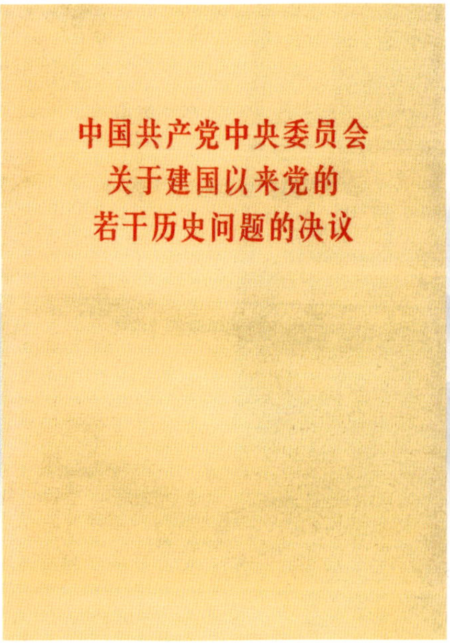


◎《中国共产党中央委员会关于建国以来党的若干历史问题的决议》充分肯定了复查和平反冤假错案工作

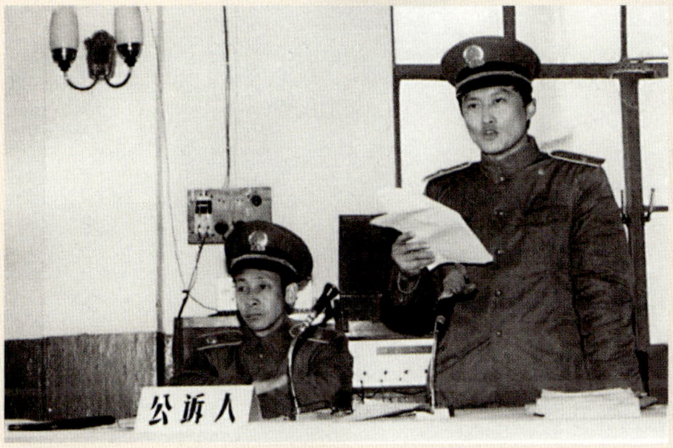

◎ 办案中的检察干警

# 五、历史撷影

◎ 1979年11月，最高人民检察院黄火青检察长与枣阳县（现枣阳市）人民检察院人员合影

◎ 1979年11月，最高人民检察院黄火青检察长在荆州与部分检察干部合影

◎ 1980年，最高人民检察院领导与特别检察厅部分成员合影（第二排右二为时任湖北省人民检察院副检察长钟澍钦）

◎ 1983年，最高人民检察院副检察长张灿明（左五）到湖北考察工作

◎ 1983年，最高人民检察院副检察长张苏（右三）到湖北考察工作

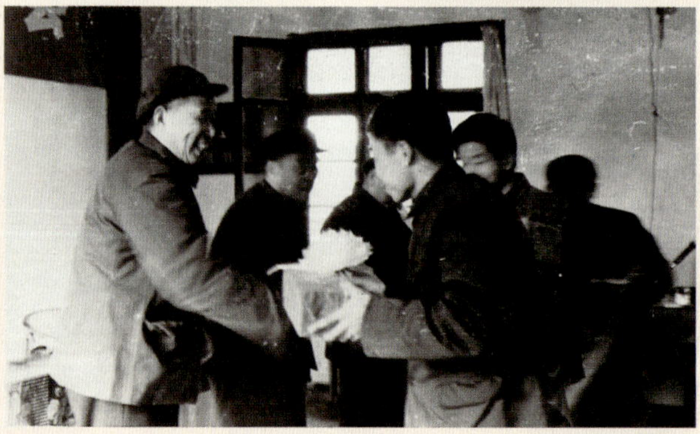

◎ 1981年，湖北省检察院表彰先进大会

◎ 1979年，钟祥县（现钟祥市）检察院全体干警合影

◎ 1980年，黄石市检察院先进工作者合影

◎ 1980年，阳新县检察院与该县法院合署办公楼

◎ 1980年，大冶县（现大冶市）检察院办公室打字员徐晓兰在工作

◎ 1978年，竹溪县检察院恢复重建时的办公用房

◎ 1978年，枣阳县（现枣阳市）检察院使用的办公用房

◎ 1983年1月，监利县检察院新修的简易门楼

# 乘风破浪正当时

## ——钟澍钦同志任检察长时期的湖北检察工作

潮平两岸阔，风正一帆悬。

1983年5月，第五届全国人大常委会第二十七次会议批准任命钟澍钦为湖北省人民检察院检察长。在钟澍钦检察长带领下，1983年5月至1988年12月，全省检察机关认真贯彻落实中央、最高检、省委部署，继续贯彻落实第七次全国、全省检察工作会议精神，严厉打击严重刑事犯罪活动，积极开展打击经济领域的犯罪活动，积极开展各项检察业务，保障公民的合法权益，为促进社会主义经济建设和改革顺利进行发挥了积极作用。

1988年12月12日至16日召开的第八次全省检察工作会议，全面回顾了恢复重建10年来所取得的成就，表彰了先进集体和先进个人，传达了中央领导关于检察工作的重要指示和全国检察长工作会议精神，全面分析了全省检察工作面临的新形势新任务，确定了今后一个时期的工作思路和主要任务。

此后，湖北检察一步一个脚印，一步一声春雷，进入了稳步发展时期。

1993年第九次全省检察工作会议以后，全省检察机关坚持"严格执法、狠抓办案"的工作方针，把办案作为检验严格执法的标尺，通过办案来实现严格执法，在办案中落实严格执法，推进全省检察事业不断前进。

1996年第十次全省检察工作会议以后，全省检察机关继续坚持"严格执法，狠抓办案"的工作方针，认真履行法律监督职责，以反腐败查办大案要案、打击严重刑事犯罪活动、执法监督三项工作为重点，全面开展各项检察工作，建设高素质的检察队伍，有力促进了全省检察工作稳步健康发展。

在钟澍钦同志担任检察长期间，湖北检察机关乘风破浪，励精图治，锐意进取，成立了反贪污贿赂工作局，设立了举报中心，成立了税务检察室，集中力量查办大案要案，依法查办了省财政厅原副厅长曾繁衍、省国际信托投资公司原副总经理余永恒等特大受贿案，多次向上级有关部门专题汇报反贪污贿赂工作。最高检、湖北省委有关领导同志多次对湖北检察工作给予批示肯定。

与此同时，全省检察机关认真贯彻实施修改后的刑法、刑事诉讼法；加强执法监督，维护司法公正和法制统一；省院成立民事行政检察处并积极开展民事行政检察工作；严格执行检察官法，加强队伍建设；设立乡镇检察室……各项工作有声有色，有为有位，不少工作在破冰中启航，稳步发展并取得显著成效。

# 钟澍钦 检察长

**任职时间**

1983.05-1998.01

钟澍钦，男，汉族，1933年7月生，湖南桃江人，中专学历。1953年6月加入中国共产党。1950年10月参加工作，先后在湖北革大、湖北公安学校学习。1951年至1969年，历任湖北省人民检察院办事员、科员、秘书、副科长、科长（其间：1959年9月至1960年6月任省委农村工作队江陵县工作组长；1963年至1966年任省委城市社教办公室秘书组长、黄石、襄樊市社教工作队队长、分团副团长等职）。1970年任十堰市委委员、十堰公社党委书记兼公社主任。1973年1月任湖北省高级人民法院调研处副处长，1974年9月任处长。1975年5月任湖北省高级人民法院副院长、党组成员（其间：1975年10月至1976年9月，任省委农村社教工作队沔阳县副队长）。1978年9月至1983年4月，任湖北省人民检察院副检察长、党组成员、党组副书记（其间：1980年被全国人大常委会任命为最高人民检察院特别检察厅检察员，参加对林彪、江青反革命集团案件出庭公诉工作）。1983年5月至1998年1月，任湖北省人民检察院检察长、党组书记，中共湖北省委委员、省委政法委员会副书记（1986年2月中央组织部通知明确为副省长级干部）。1999年退休。

# 一、严惩经济犯罪

1982年1月，中共中央发出《关于打击经济犯罪的紧急通知》(以下简称《紧急通知》)。3月8日，第五届全国人大常委会第二十二次会议通过了《关于严惩严重破坏经济的罪犯的决定》(以下简称《决定》)。4月13日，中共中央、国务院发出《关于打击经济领域中严重犯罪活动的决定》(以下简称《决定》)，要求在打击经济犯罪活动中，要集中力量抓紧处理大案要案，坚决不搞群众运动，严格按照党纪、政纪、军纪、司法程序和法律规定办理。

中共中央发出《紧急通知》后，全省检察机关集中了40%以上的干部积极投入严惩经济犯罪活动中，坚持打击少数，争取、分化改造多数的方针，集中力量查办经济领域犯罪大案要案。

两个《决定》发布后，全省各级检察机关充分运用电视台、广播电台等新闻媒体广泛宣传《决定》精神，并组织干警深入机关、工厂、街道、发案单位和看守所宣传党的政策和《决定》精神，教育督促犯罪分子的亲友、知情人揭发问题。

截至5月1日，全省共有1000余人主动投案自首，坦白交代违法犯罪问题，从中争取、挽救了一批违法犯罪行为的人，孤立打击了少数严重犯罪分子，充分发挥了政策和法律的威慑力。这一年，全省检察机关共受理各类经济犯罪案件2956件，经审查决定侦查1741件，其中万元以上的大要案154件，决定起诉1014件，为国家和集体挽回经济损失491余万元。

通过开展严惩经济犯罪活动，惩治了一批严重经济犯罪分子，增强了公民的法律意识，提高了广大干部、群众和社会各界对经济领域犯罪危害性的认识，许多机关、企业、事业单位和经济管理部门结合典型案例进行教育整顿，建章立制，堵塞漏洞，强化管理，从而加强了预防经济犯罪工作。

在钟澍钦检察长带领下，湖北检察机关始终认真贯彻落实中央、最高检部署，坚持把这项工作列为重要任务，狠抓落实，取得显著成效。

人民日报

RENMIN RIBAO

1982年3月10日

五届政协常委会18次

协助党和政府建立

全国人大常委会作出严惩严重破坏经济的罪犯的决定

对经济罪犯量刑从重 对国家工作人员从严

情节特别严重的可以判处无期徒刑或死刑

社论

人人都要宣传和协助实行这个保卫

◎ 1982年3月8日，全国人大常委会通过《关于严惩严重破坏经济的罪犯的决定》。同年4月13日，中共中央和国务院下发了《关于打击经济领域中严重犯罪活动的决定》

◎ 1984年，湖北省委副书记沈因洛和省委常委、省政法委书记张思卿在全省打击经济犯罪会议上讲话

◎ 蒲圻县（现赤壁市）打击严重经济犯罪大会

◎ 1983年6月，黄陂县检察院（今武汉市黄陂区检察院）经济罪案举报站挂牌成立，主要负责查办经济案件，包括投机倒把、贪污腐败、行贿受贿等

◎ 严惩经济犯罪，基层干警在办案中

◎ 1986年2月，时任湖北省检察院副检察长靳军向在汉的全国政协委员汇报打击经济犯罪工作情况

# 二、严打刑事犯罪

1983年8月25日，中共中央发出〔1983〕31号文件即《关于严厉打击刑事犯罪活动的决定》，并制定了三年为期、打好三个战役的实施方案。9月2日，全国人大常委会通过了《关于严惩严重危害社会治安的犯罪分子的决定》和《关于迅速审判严重危害社会治安的犯罪分子的程序的决定》。至此，严厉打击严重刑事犯罪活动正式启动（以下简称“严打”）。

全省检察机关在各级党委的直接领导和统一部署下，积极与公安机关、人民法院及有关部门密切配合，协同作战，坚决执行中共中央提出的依法“从重从快，一网打尽”的精神，依靠人民群众和社会各界的大力支持，集中力量打击严重危害社会治安的犯罪分子。

在1983年8月至1984年2月两次集中打击期间，全省检察机关依法批捕各类犯罪嫌疑人67506名，审查决定起诉59765名。在批捕、起诉的犯罪嫌疑人中，55%的是流氓集团分子、流窜作案分子以及杀人、爆炸、强奸、抢劫等严重刑事犯罪分子。

通过“严打”，全省社会治安秩序明显好转；破获了一大批案件，其中有些是久侦未破的重大积案；彰显了法律的威慑力，鼓舞了群众的斗志；挽救了一批失足者，推进了社会主义法制建设，整治了社会治安秩序，促进了物质文明和精神文明建设。

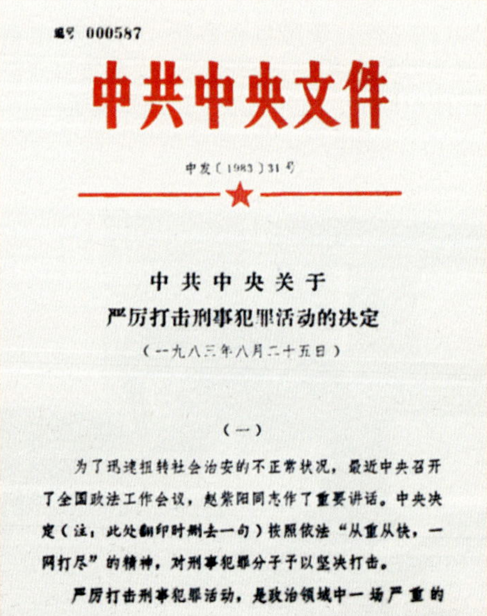

编号 000587

中共中央文件

中发〔1983〕31号

中共中央关于

严厉打击刑事犯罪活动的决定

（一九八三年八月二十五日）

（一）

为了迅速扭转社会治安的不正常状况，最近中央召开了全国政法工作会议，赵紫阳同志作了重要讲话。中央决定（注：此处翻印时删去一句）按照依法“从重从快，一网打尽”的精神，对刑事犯罪分子予以坚决打击。

严厉打击刑事犯罪活动，是政治领域中一场严重的

◎ 1983年8月25日，中共中央作出《关于严厉打击刑事犯罪活动的决定》。《决定》指出：严厉打击刑事犯罪活动，是政治领域中一场严重的敌我斗争。为迅速扭转社会治安的不正常状况，中共中央决定，以三年为期，组织一次、两次、三次战役，按照依法“从重从快，一网打尽”的精神，对刑事犯罪分子予以坚决打击

六届人大常委会二次会议结束

通过严惩严重危害社会治安罪犯等九个决定

彭真就严厉打击刑事犯罪问题和几个法律案作重要讲话，指出对严重危害社会治安的犯罪分子，决不能姑息纵容，特别是对那些煽动、腐蚀、收买、强迫青少年犯罪的教唆犯，屡教不改的惯犯，必须坚决打击，依法从重从快惩处

◎ 1983年9月2日，全国人大常委会通过《关于严惩严重危害社会治安的犯罪分子的决定》。全国检察机关认真执行政策，严格依法办事，保证办案质量，依法从重从快打击严重刑事犯罪

◎ 严打刑事犯罪

◎ 1990年，武汉市检察院开展“严打”宣传

# 三、检察机关统一着装

◎ 1984年，湖北省人民检察院全体人员首次着检察服合影

检察服饰是检察人员代表国家行使检察权的一种标志。新中国成立以来，截至1984年全国检察机关一直没有统一配置检察服。其间，1956年4月，全国人大常委会决定成立最高人民法院特别军事法庭，在开庭审理侵华日军战犯期间，为出庭支持公诉的检察员、书记员制作了检察服（浅灰色中山装，配有八角帽，胸前配有检察标识）。1980年9月，全国人大常委会决定成立最高人民检察院特别检察厅，在开庭审理林彪、江青反革命集团案期间，为特别检察厅检察员出庭支持公诉制作了检察服（深灰色毛料中山装、帽子和皮鞋）。

1984年1月14日，经国务院批准，最高人民法院、最高人民检察院、财政部联合发布《关于人民法院、人民检察院干部穿着统一制服的几项规定》，最高人民检察院决定从1984年5月1日起，全国检察机关

的检察长、副检察长、检察员、助理检察员、书记员穿着统一“八四式”检察服。“八四式”检察服分春秋、夏、冬三季（春秋装：豆绿色中长纤维华达呢军干服式样；夏装：米黄色的确良衬绸小翻领猎服式样；冬装：豆绿色的确良咔叽军干服式样，大衣为豆绿色中长纤维华达呢军棉大衣式样）。帽子（春秋、夏季：大沿帽；冬季：军式棉帽）。标志（帽徽：铝合金质国徽图案；肩章：红底镶金黄边呢质长方形硬肩章，正中加一枚铝合金圆形徽章；肩徽：五星红旗图案，外镶麦穗齿轮）

# 四、设立乡镇检察室

20世纪80年代中期，湖北省人民检察院在机制改革创新上进行了一些有益探索，其中机构延伸——在重点乡镇设置检察室工作处于全国领先。1985年湖北襄阳七集镇试建了全省第一个检察室，接着应山县的广水、仙桃市的张沟、公安县的斗湖堤等一批乡镇检察室相继建立。截至1988年，全省已建乡镇检察室167个。乡镇检察室是县级人民检察院的派出机构，其人员、经费、工作任务均由县级人民检察院统筹安排。乡镇检察室作为检察机关的前沿阵地，在深入农村第一线，密切联系广大群众收集掌握职务犯罪线索，协助办理职务犯罪案件，维护当地社会稳定，服务“三农”建设等方面，发挥了检察机关的法律监督职能作用。

为了规范检察机关派驻乡镇检察室建设，1989年12月最高人民检察院颁布了《人民检察院乡（镇）检察室工作条例（试行）》，进一步推进了派驻乡镇检察室工作。

1990年至1998年，中共湖北省委、省政府决定每年从省财政厅拨给湖北省人民检察院一笔专用经费，补助基层人民检察院乡镇检察室建设和检察技术用房建设。

◎ 1986年，湖北省人民检察院检察长钟澍钦与公安县斗湖堤检察办事处工作人员合影，该检察室是全省较早成立的乡镇检察室

◎ 1996年，襄樊市樊城区检察院檀溪检察室挂牌仪式

◎ 1996年，谷城县检察院石花检察室成立仪式

◎ 1998年2月，阳新县检察院白沙检察室挂牌成立

# 五、成立国家工作人员职务犯罪案件举报中心

1988年7月16日，湖北省人民检察院邀请中央在汉新闻单位和湖北省各新闻单位召开新闻发布会，宣布湖北省人民检察院成立"国家工作人员职务犯罪案件举报中心"，建立举报制度和新闻发布制度。该举报中心设置专线举报监督电话（027—874902），公民可采取电话举报、信函举报、当面举报等方式进行举报。7月20日，武汉市人民检察院建立"经济罪案举报站"。7月28日，湖北省人民检察院下发《关于省院和武汉市院设置举报中心的情况通知》，要求在全省检察机关设置国家工作人员职务犯罪案件举报机构，分市州检察机关设举报中心，县（市）区检察机关设举报站（室），举报工作归口控申检察部门管理。截至年底，全省118个人民检察院建立了国家工作人员职务犯罪举报机构，共受理群众举报线索7768件，其中当面举报2047件、信函举报5448件、电话举报273件。属经济犯罪案件线索3523件，占45.35%；属渎职侵权犯罪案件线索769件，占9.9%。被举报人中，国家工作人员4101人，局级干部22人。检察机关立案侦查327件，其中万元以上经济犯罪大案119件，为国家挽回经济损失982万元。

举报中心作为检察机关密切联系人民群众的一个重要窗口，在坚持专门工作与群众工作相结合的原则下，紧紧依靠人民群众和社会各界的大力支持，在惩治和预防职务犯罪、保护人民群众的合法权益等方面发挥了重要作用。

◎ 1988年7月16日，湖北省人民检察院国家工作人员职务犯罪案件举报中心成立，随后全省检察机关相继成立举报中心。图为湖北省人民检察院召开新闻发布会，向媒体通报举报中心成立情况

◎ 1988年，湖北省人民检察院实行检察长接待日制度。图为钟澍钦检察长首次接待上访群众

◎ 房县检察院举报中心挂牌成立

◎ 湖北省检察院开展举报宣传周活动

# 六、落实“两高”《通告》

1989年8月15日，最高人民法院、最高人民检察院发布《关于贪污、受贿、投机倒把等犯罪分子必须在期限内自首坦白的通告》（以下简称“两高”《通告》），规定从8月15日至10月31日，凡有贪污、受贿、投机倒把等犯罪行为的人，如果在期限内自首坦白、积极退赃或有检举他人犯罪等立功表现的，将依法从轻，减轻或免除刑事处罚，对于拒不自首的将依法惩处。在贯彻“两高”《通告》精神中，全省检察机关积极行动起来，通过广泛深入地宣传“两高”《通告》精神，形成了强大的政策法律攻势，敦促了一批经济犯罪分子主动向检察机关投案自首。

据统计，“两高”《通告》限期内，全省检察机关共接待3185名贪污、受贿、投机倒把等犯罪分子投案自首，交待违法犯罪金额2383.97万元，退出赃款及赃物（折算）1756.16万元。从经济犯罪人员投案自首情况看：①大案要案较多。自首人员中，县处级以上干部61人，涉案金额在1万元以上的有528人，其中1万元以上不满5万元的有437人，5万元以上不满10万元的有51人，10万元以上不满50万元的有31人，50万元以上的有9人。②贪污、贿赂案件占有相当大的比例。涉嫌贪污犯罪的有1323人，占41.6%；涉嫌受贿犯罪的有1239人，占38.96%。③一人自首，带动一串。宜昌市点军区人民检察院从查处两封匿名举报信入手，深入涉案单位宣传“两高”《通告》精神，触动该厂50名经济违法犯罪人员自首坦白。枣阳市人民检察院通过办理一起经济案件，带动42名贪污、受贿涉案人员投案自首。对于那些持观望犹豫态度的，检察机关及时按“两高”《通告》精神对自首坦白的人员依法从宽处理，政策兑现，消除了涉案人员的顾虑。在“两高”《通告》期限最后5天内，有946人投案自首；在“两高”《通告》期限最后一天，有的地方出现经济犯罪分子在检察机关排队等候自首的场面。

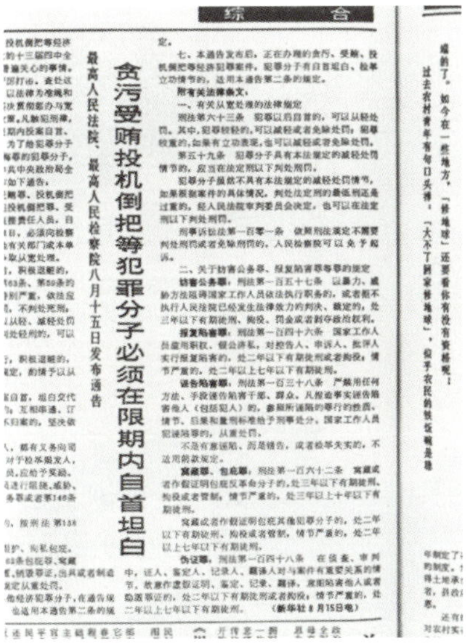
贪污受贿投机倒把等犯罪分子必须在限期内自首坦白

最高人民法院、最高人民检察院八月十五日发布通告

◎ 1989年8月15日，最高人民法院、最高人民检察院发布《关于贪污、受贿、投机倒把等犯罪分子必须在限期内自首坦白的通告》

◎ 检察机关贯彻“两高”《通告》政策兑现大会

“两高”《通告》期满后，湖北省检察机关依照法律和“两高”《通告》的规定，坚持“坦白从宽、抗拒从严”的政策，及时对自首案件进行了查证处理。截至1990年3月，对自首坦白的经查证核实后作出处理的有2952人，其中罪行严重依法向人民法院提起公诉的有150人；依照刑法和“两高”《通告》的规定，虽已构成犯罪可以不处以刑罚的，检察机关作出免予起诉的有1133人；贪污受贿数额不大，情节显著轻微，不构成犯罪的转有关部门作党纪、政纪或其他处理的有1669人；对于那些顽固抵赖、拒不自首的经济犯罪分子，检察机关加大查办力度，坚决依法从严惩处。据统计，1989年11月至1990年3月，全省检察机关立案侦查贪污贿赂等经济犯罪案件1882件，依法逮捕犯罪嫌疑人592人，立案侦查副厅级干部3人。

◎ 湖北省公检法三机关执行“两高”《通告》新闻发布会

◎ 湖北省检察院建自首坦白接待室

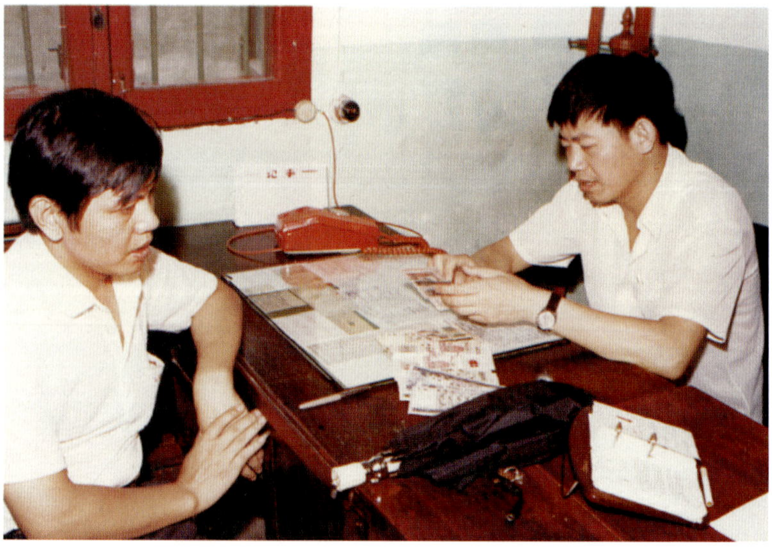

◎ 1989年8月15日至10月31日，在“两高”《通告》期限内全省检察机关共接待贪污、受贿、投机倒把等涉案人员投案自首3185人，坦白交代违法犯罪金额2383.97万元，退出赃款赃物（折算）1756.16万元

# 七、成立反贪污贿赂局

根据最高人民检察院的工作部署和中共湖北省委的指示精神，1988年第八次全省检察工作会议在指导思想和工作布局上把严厉打击严重刑事犯罪活动和惩治贪污贿赂犯罪作为检察机关的重要任务，开创了全省检察机关履行法律监督职责的新局面。

为进一步加大惩治贪污贿赂等经济犯罪工作力度，1990年1月9日，湖北省人民检察院率先成立了反贪污贿赂工作局，随后各地市州和多数县（市）区检察机关相继成立了反贪污贿赂专门机构。1992年按照最高人民检察院的要求，全省检察机关"反贪污贿赂工作局"统一改称反贪污贿赂局。成立反贪污贿赂专门机构后，各级检察机关调整充实了办案力量，组建了一支侦查队伍，加强了专门侦查工作，形成了查办贪污贿赂经济犯罪案件的侦查体系，增强了侦查破案和预防犯罪的能力，推进了侦查工作规范化建设，逐步显现了反贪污贿赂专门机构的作用。1988年1月至1992年12月，全省检察机关共受理贪污贿赂等经济犯罪案件33230件，立案侦查16303件（贪污案占51.9%，贿赂案占21.9%）其中立案侦查万元以上大案5030件、10万元以上241件，县处级以上干部要案147件（厅局级干部3件）。通过办案，追缴赃款及赃物折算人民币2.19亿元。在重点查处贪污贿赂犯罪案件的同时，加大了对挪用公款、偷税漏税、假冒商标等犯罪案件查处的力度。5年来共立案侦查挪用公款案2252件，偷税漏税案1092件，假冒商标案202件。通过办理国家工作人员贪污贿赂等经济犯罪案件，对维护金融秩序、税收秩序和社会主义经济秩序，保护企业和消费者的合法权益发挥了应有作用。

反贪污贿赂局从成立之日起，就在惩治和预防国家工作人员职务犯罪、推进党风廉政建设等方面发挥了十分重要的作用。

◎ 1990年1月9日，湖北省人民检察院率先成立反贪污贿赂工作局。随后，全省各级检察机关相继成立了反贪污贿赂专门机构，推进侦查工作规范化建设

◎ 1993年，恩施市检察院反贪污贿赂局挂牌成立

◎ 阳新县检察院反贪污贿赂局挂牌成立

◎ 1994年9月，武汉市汉阳区检察院干警正在讯问新中国成立以来至1994年武汉市涉案金额最大的受贿案当事人

◎ 反贪干警在办案路上

◎ 反贪干警在查阅法律法规

◎ 反贪干警在清点赃款

# 八、设置税务检察室

税务检察室是人民检察院在地方各级税务机关设置的业务工作机构，其主要任务是依法查处偷税、抗税、骗取出口退税等涉税犯罪案件。1987年，应城市人民检察院在全省率先建立了税务检察室，至1989年全省各级检察机关已建成税务检察室86个。

1990年3月1日，湖北省人民检察院驻省税务局税务检察室正式成立。截至1993年，全省共建税务检察室116个，其中，湖北省人民检察院和分市州检察机关16个，县（市）区检察机关100个。配备工作人员430人，其中检察人员143人，税务人员287人。

1994年1月1日，以规范增值税为核心的工商税制改革付诸实施。为适应形势的发展，有力打击偷税、抗税、骗取出口退税等涉税犯罪活动，保证新税制的顺利实施，同年10月，湖北省人民检察院根据最高人民检察院和国家税务局会签的《关于进一步加强税务检察工作保证新税制顺利实施的通知》要求，向省编制委员会作出《关于设置湖北省人民检察院税务检察室的报告》。

1995年3月21日，省编制委员会批复同意设立湖北省人民检察院税务检察室。为贯彻落实"省政府12号专题会议纪要"精神，湖北省人民检察院3月份召开全省检察机关电话会议，就如何贯彻会议精神提出了具体要求。5月份又分片召开了市州分院税务检察室主任会议，要求全省检察机关税务检察室迅速理顺机构，加大工作力度，开创税检工作新局面。1996年5月，湖北省人民检察院税务检察室改称税务检察处。

1990年至1996年，全省税务检察室共受理各类涉税案件5818件，立案侦查1827件（大案1069件），挽回经济损失6766.38万元。

1997年1月1日，修改后的刑事诉讼法开始实施，涉税犯罪案件的管辖权划归公安机关管辖，全省检察机关税务检察室相继撤销。

◎ 1990年3月，湖北省人民检察院驻湖北省税务局税务检察室成立。截至1993年，全省共设立税务检察室116个，配备工作人员430人（其中检察人员143人，税务人员287人）

# 九、队伍建设

湖北省人民检察院始终把队伍建设作为一项长期的重要战略任务，夯实发展根基，推动可持续性发展。自1995年全省检察机关开展“创最佳检察院、争一流科（处）室、当优秀检察官”活动以来，连续3年共评出最佳检察院30个、一流科（处）室219个、优秀检察官273名，促进了全省检察队伍的健康发展。

## 首届“中国十大杰出检察官”——王顺来

1993年，为了弘扬人民检察官清正廉明、秉公执法的事迹，由中国检察报发起，人民日报、新华社、光明日报、法制日报、中央电视台等首都13家中央级新闻单位和中宣部新闻局联合在全国开展了首届“中国十大杰出检察官”评选活动。

◎ 首届“中国十大杰出检察官”及提名奖获得者在人民大会堂前合影（前排右三为时任武汉市江汉区检察院检察长王顺来）

◎ 湖北省检察机关弘扬叶子新精神报告会

◎ 湖北省检察机关“双先”表彰暨颁发荣誉证书、司法警察授衔大会

◎ 1997年5月27日，武汉市江岸区检察院举行公诉人演讲比赛

◎ 检察干警宣读廉政勤政誓词

# 十、历史撷影

◎ 1985年，时任湖北省委常委、省委政法委书记张思卿到湖北省检察院视察指导工作

◎ 1991年11月,最高人民检察院检察长张思卿在湖北省人民检察院钟澍钦检察长陪同下视察钟祥县检察院胡集办事处

◎ 1992年7月16日，最高人民检察院检察长张思卿视察广水市检察院

◎ 1995年4月9日，最高人民检察院检察长张思卿到仙桃市检察院视察指导工作

◎ 1985年4月9日，最高人民检察院副检察长江文接见荆州地区部分检察干警

◎ 1993年，最高人民检察院副检察长王文元来湖北考察，为湖北省检察院题词

◎ 1990年7月15日，湖北省检察院检察长钟澍钦与石首市检察院干警在办公楼前合影

◎ 1991年，湖北省检察院检察长钟澍钦深入山区农村调查研究

◎ 1993年11月，湖北省检察院检察长钟澍钦视察广水市检察院旧办公楼

◎ 1995年，湖北省检察院检察长钟澍钦在乡镇考察社会治安综合治理工作情况

◎ 1996年，为服务三峡建设，湖北省检察院检察长钟澍钦在长江三峡建设工地同三峡地区检察院的同志研究检察工作

◎ 1996年，湖北省检察院检察长钟澍钦在基层检察院宿舍区了解干警居住生活情况

◎ 1996年7月，湖北省检察院检察长钟澍钦视察神农架林区检察院

◎ 1988年，湖北省第八次检察工作会议

◎ 全国检察机关研究室主任座谈会在武汉召开

◎ 湖北省检察学会成立大会

◎ 湖北检察中专首届学员毕业大会

◎ 1983年12月20日，鄂城县检察院全体干警合影

◎ 1984年4月29日，武汉市检察院着装大会

◎ 1984年7月2日，房县检察院干警统一着装合影

◎ 1984年，秭归县检察院恢复重建后第一张全体干警合影

◎ 1984年9月，潜江县（现潜江市）检察院全体干警合影

◎ 1985年，南漳县检察院全体干警合影

# 奋楫扬帆行致远

## ——靳军同志任检察长时期的湖北检察工作

风劲帆满楚天阔，俯指波涛更从容。

1998年2月28日，第八届全国人大常委会第三十次会议批准任命靳军为湖北省人民检察院检察长。

这一时期，靳军检察长带领全省检察机关根据最高检部署开展了集中教育整顿工作，狠抓队伍建设和基层院建设；积极投入严打整治斗争，维护社会稳定；积极查办和预防职务犯罪；强化诉讼监督，维护司法公正；深化检察改革，筑牢发展根基，各项工作在接续奋斗中全面发展，行稳致远。

2003年第十一次全省检察工作会议，全省检察机关坚持把服务工作大局、维护社会稳定作为检察工作的中心任务，充分发挥打击、监督、预防、保护等职责，坚持以改革作为发展的驱动力，各项检察工作取得新进展，努力为落实依法治国基本方略、建设社会主义和谐社会作出积极贡献。

在此期间，全省检察机关紧紧围绕党和国家工作大局，全面履行检察职能，努力提高队伍素质，各项工作取得新的进步。

在积极查办和预防职务犯罪方面，认真贯彻落实中央和省委关于深入开展反腐败斗争的指示和部署，以坚定不移的态度、坚决有力的措施和坚持不懈的工作，排除干扰阻力，不断加大查办职务犯罪力度，依法办理了金鉴培、孙楚寅、焦俊贤、石发亮等大案要案，推动反腐败斗争深入开展。

在严厉打击严重刑事犯罪方面，认真履行批捕、起诉等职责，不断巩固和发展“严打”整治斗争成果，全力维护社会稳定。

在强化诉讼监督方面，大力加强刑事诉讼监督，积极开展民事审判、行政诉讼监督，进一步加强对自身执法的监督，切实维护司法公正和法律统一正确实施。

在检察改革方面，大力推行干部人事和机构改革、人民监督员试点、主诉检察官办案责任制、多媒体示证、检务公开、专家咨询制度等多项检察改革，增强发展后劲。

在队伍建设方面，始终把思想政治建设放在首位，部署开展教育整顿工作，扎实开展集中教育活动，不断统一执法思想，促进了队伍建设和自身反腐败建设。大力实施“固基工程”，全方位推进基层院建设。

积极争取各级党委、政府支持，“两房”（办案用房、专业技术用房）建设任务基本完成，全省检察机关基础设施显著改善。2003年12月，湖北省检察院办公地址由武汉市武昌区彭刘杨路251号（现243号）搬迁至现如今的雄楚大街356号，办公条件得到极大改善。

## 靳　军 检察长

**任职时间**

1998.02-2006.01

靳军，男，汉族，1941年7月生，河北灵寿人，大学学历。1960年9月加入中国共产党。1955年11月参加工作，先后在空军四航校、石家庄跃进机械厂工作。1959年1月在北京空军独立团服役。1964年9月进入湖北大学法律系学习。1968年12月毕业在湖北大沙湖农场、保康县农村锻炼。1970年8月任保康县革委会政工组织干事。1976年12月至1982年12月，历任保康县委办公室副主任、县人民检察院副检察长、检察长。1982年12月至1984年1月，任保康县委常委、政法委书记。1984年1月至1985年3月，任保康县委副书记兼纪委书记。1985年3月至1985年9月，任襄樊市司法局局长、党组书记。1985年9月至1992年8月，任湖北省人民检察院副检察长、党组成员、机关党委书记。1992年8月至1998年2月，任湖北省人民检察院副检察长、党组副书记（1994年2月明确为正厅级）。1998年2月至2006年1月，任湖北省人民检察院检察长、党组书记、国家二级大检察官，中共湖北省委委员、省委政法委员会委员，中共湖北省第七次、第八次党代会代表，第十届全国人民代表大会代表和湖北省人民代表大会代表。2007年5月退休。

# 一、认真开展教育整顿工作

根据党中央、最高检部署，湖北省检察院从1998年2月开始，集中半年时间在全省范围内开展教育整顿工作。

湖北省检察机关教育整顿工作分三步进行：第一步深入学习，开展思想、纪律、作风整顿；第二步开展执法大检查；第三步组织清理和整顿。

期间，全省检察机关共走访全国、省人大代表146名，走访市、县两级人大代表3252名；召开全国、省、市、县人大代表和政协委员座谈会353次；邀请人大代表、政协委员视察、评议检察工作156次。在查摆问题中，湖北省检察院先后派出32个工作组深入各地调查研究，派出工作组重点抽查18个基层检察院的执法大检查情况。

截至1998年9月底，全省检察机关教育整顿工作基本结束。通过这次集中教育整顿活动，全省检察机关统一了严格执法、依法办案的指导思想，强化了“立检为公、执法为民”的服务宗旨，促进了检察机关队伍建设和自身反腐败建设。

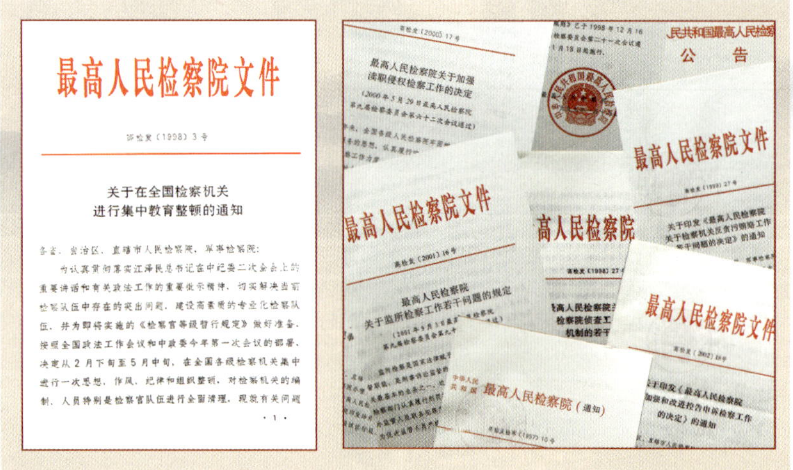


◎ 最高人民检察院制定各项工作规范，巩固教育整顿成果

◎ 1998年5月，最高人民检察院召开全国检察机关深入开展教育整顿工作会议，在全国检察机关开展集中教育整顿

## 湖北省检察院教育整顿工作动员大会

◎ 1998年，湖北省检察院机关召开教育整顿动员大会

## 全省检察机关教育整顿现场会

◎ 2001年6月，湖北省检察院在红安召开全省检察机关教育整顿现场会

# 二、积极查办和预防职务犯罪

全省检察机关坚决贯彻落实中央、最高检、省委关于反腐败斗争的部署，认真履行对职务犯罪案件的侦查职责，不断加大办案力度，依法办理了金鉴培、孙楚寅、焦俊贤、石发亮等一批职务犯罪大要案。加大渎职犯罪侦查力度，不少基层院渎职犯罪侦查局挂牌成立。贯彻“标本兼治、综合治理”的方针，把预防职务犯罪工作摆在重要位置，推动职务犯罪预防工作稳步发展。

◎ 2005年11月，全省检察机关反贪污贿赂侦查工作会议在武汉召开

◎ 2005年8月24日，全省集中查办破坏社会主义市场经济秩序违法犯罪与国家机关工作人员渎职失职违法犯罪专项工作电视电话会议

◎ 2005年4月5日，部分省级院反贪局长会在湖北召开。图为与会代表参观湖北省检察院办案区

◎ 2000年4月，全省检察机关渎职侵权检察工作会议

◎ 2001年12月2日，省检察院、省委企工委、省经贸委共同做好国有企业领域职务犯罪预防工作联席会

# 依法办理金鉴培、孙楚寅、焦俊贤、石发亮等职务犯罪大要案

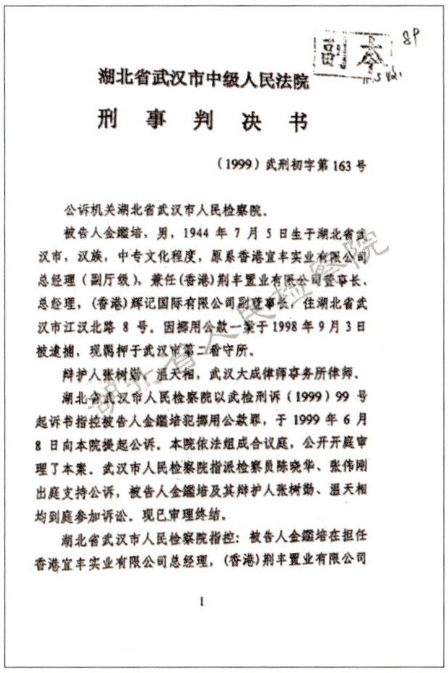

副本

湖北省武汉市中级人民法院

刑　事　判　决　书

（1999）武刑初字第163号

公诉机关湖北省武汉市人民检察院。

被告人金鑑培，男，1944年7月5日生于湖北省武汉市，汉族，中专文化程度，原系香港宜丰实业有限公司总经理（副厅级），兼任(香港)荆丰置业有限公司董事长、总经理，(香港)辉记国际有限公司副董事长，住湖北省武汉市江汉北路8号。因挪用公款一案于1998年9月3日被逮捕，现羁押于武汉市第二看守所。

辩护人张树勋、温天相，武汉大成律师事务所律师。

湖北省武汉市人民检察院以武检刑诉（1999）99号起诉书指控被告人金鑑培犯挪用公款罪，于1999年6月8日向本院提起公诉。本院依法组成合议庭，公开开庭审理了本案。武汉市人民检察院指派检察员陈晓华、张伟刚出庭支持公诉，被告人金鑑培及其辩护人张树勋、温天相均到庭参加诉讼。现已审理终结。

湖北省武汉市人民检察院指控：被告人金鑑培在担任香港宜丰实业有限公司总经理，(香港)荆丰置业有限公司

1

◎ 湖北省检察机关办理的香港宜丰实业有限公司总经理（副厅级）金鉴培贪污挪用公款案刑事判决书

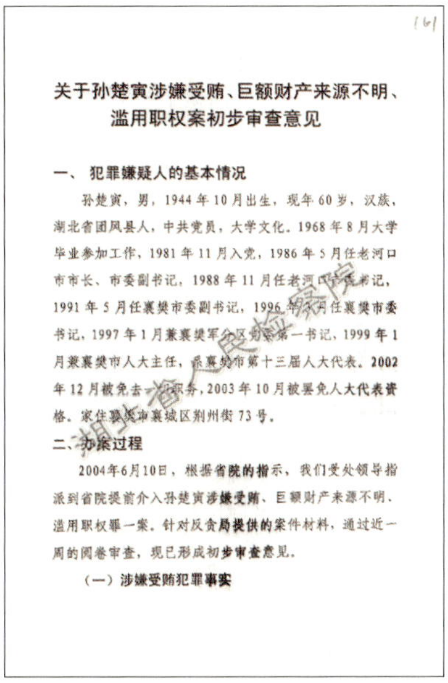

关于孙楚寅涉嫌受贿、巨额财产来源不明、滥用职权案初步审查意见

一、 犯罪嫌疑人的基本情况

孙楚寅，男，1944年10月出生，现年60岁，汉族，湖北省团风县人，中共党员，大学文化。1968年8月大学毕业参加工作，1981年11月入党，1986年5月任老河口市市长、市委副书记，1988年11月任老河口市委书记，1991年5月任襄樊市委副书记，1996年[illegible]月任襄樊市委书记，1997年1月兼襄樊军分区党委第一书记，1999年1月兼襄樊市人大主任，系襄樊市第十三届人大代表。2002年12月被免去一切职务，2003年10月被罢免人大代表资格。家住襄樊市襄城区荆州街73号。

二、办案过程

2004年6月10日，根据省院的指示，我们受处领导指派到省院提前介入孙楚寅涉嫌受贿、巨额财产来源不明、滥用职权罪一案。针对反贪局提供的案件材料，通过近一周的阅卷审查，现已形成初步审查意见。

（一）涉嫌受贿犯罪事实

◎ 湖北省检察机关办理的襄阳市原市委书记孙楚寅职务犯罪案审查终结报告

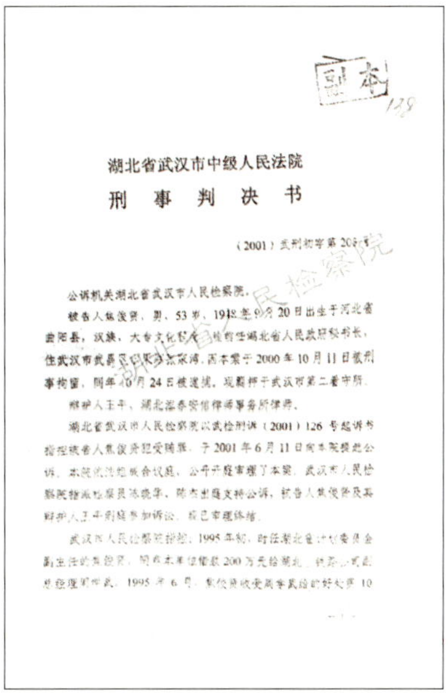

副本

湖北省武汉市中级人民法院

刑　事　判　决　书

（2001）武刑初字第20[illegible]号

公诉机关湖北省武汉市人民检察院。

被告人焦俊贤，男，53岁，1948年9月20日出生于河北省[illegible]阳县，汉族，大专文化[illegible]，[illegible]湖北省人民政府秘书长，住武汉市武昌区[illegible]。因本案于2000年10月11日被刑事拘留，同年10月24日被逮捕，现羁押于武汉市第二看守所。

辩护人王平，湖北[illegible]律师事务所律师。

湖北省武汉市人民检察院以武检刑诉（2001）126号起诉书指控被告人焦俊贤犯受贿罪，于2001年6月11日向本院提起公诉。本院依法组成合议庭，公开开庭审理了本案。武汉市人民检察院指派检察员[illegible]出庭支持公诉，被告人焦俊贤及其辩护人王平到庭参加诉讼。现已审理终结。

武汉市人民检察院指控：1995年初，时任湖北省计划委员会副主任的焦俊贤，[illegible]200万元给湖北[illegible]公司副总经理[illegible]。1995年6月，焦俊贤收受[illegible]10

◎ 湖北省检察机关办理的湖北省政府原秘书长焦俊贤受贿案刑事判决书

◎ 2005年12月21日，湖北省检察机关办理的河南省交通厅原厅长石发亮职务犯罪案开庭

## 基层检察院渎职犯罪侦查局挂牌

◎ 1998年5月28日，潜江市检察院渎职犯罪侦查局挂牌

◎ 1998年3月20日，枣阳市检察院渎职犯罪侦查局挂牌

## 渎职侵权犯罪举报宣传周

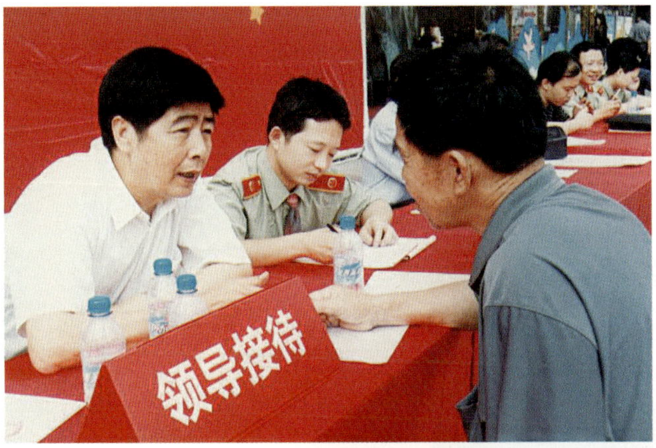

◎ 2001年6月，全省“预防和依纪依法查办与惩治渎职侵权违纪违法犯罪”宣传周活动

◎ 2005年12月8日，全省检察机关建立行贿犯罪档案查询系统工作会议

◎ 2002年7月，湖北省检察机关国有企业共同预防职务犯罪经验交流会代表合影

# 三、深入开展严打整治斗争

2001年4月2日至3日，全国社会治安工作会议在北京举行。会议确定，要在全国范围内开展一场严打整治斗争，坚决打掉犯罪分子的嚣张气焰，尽快改变社会治安面貌。检察机关与公安机关、人民法院等部门通力协作，开展打黑除恶、治暴缉枪等专项斗争，依法严厉打击严重刑事犯罪，集中整治治安混乱地区和突出的治安问题，认真落实综合治理措施，为严打整治斗争取得阶段性成果作出了积极贡献。

人民日报

RENMIN RIBAO

2001年4月 4

就美侦察机撞毁我军……

江泽民主席……

全国社会治安工作会议在京举行

江泽民朱镕基发表重要讲话

李鹏李瑞环胡锦涛尉健行李岚清出席

江泽民从实践"三个代表"的要求、维护改革发展稳定的大局、确保国家长治久安、巩固和加强党的执政地位的高度，强调搞好社会治安的重要性和紧迫性，对开展"严打"整治斗争提出明确要求

江泽民指出，坚持社会主义道路的实质，就是全党同志要坚定不移地走建设有中国特色社会主义的道路，充满信心地为这个伟大事业而不懈奋斗；坚持人民民主专政的实质，就是要不断发展社会主义民主，切实保护人民的利益，维护国家的主权、安全、统一与稳定；坚持共产党领导的实质，就是要坚持党在建设有中国特色社会主义事业中的领导核心地位，发挥党总揽全局、协调各方的作用；坚持马列主义、毛泽东思想、邓小平理论的实质，就是要坚持马克思主义的指导地位，并在实践中不断丰富和发展马克思主义

会议要求，全党和全国上下要共同努力，下大气力解决当前社会治安中的突出问题，坚决实现两年内社会治安明显进步的目标，切实保证广大人民群众安居乐业，切实维护和促进改革发展稳定的大局，为社会主义改革开放和现代化建设提供有力的保证

◎《人民日报》关于全国社会治安工作会议的报道

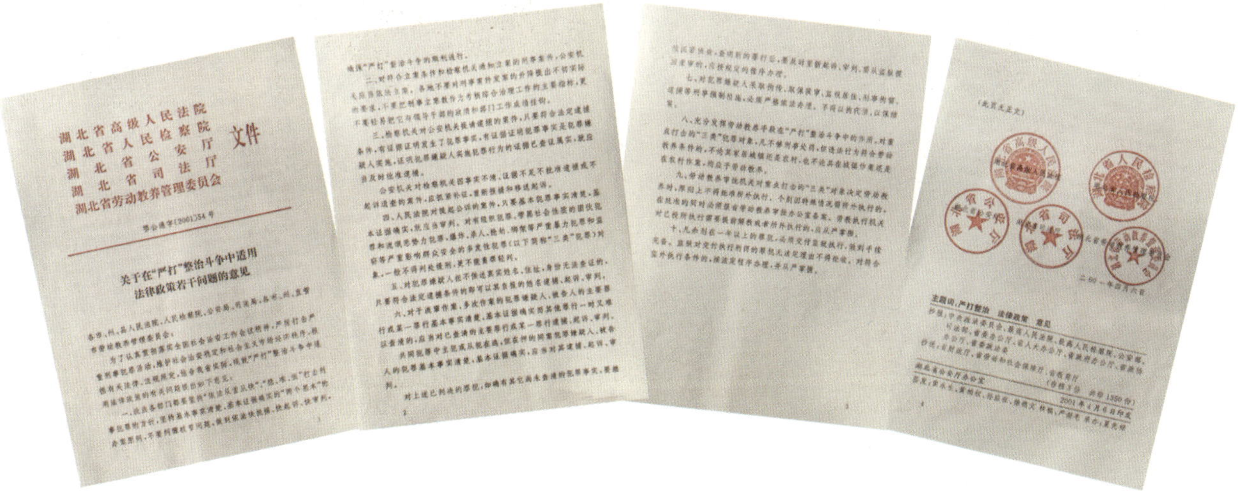

湖北省高级人民法院
湖北省人民检察院
湖北省公安厅
湖北省司法厅
湖北省劳动教养管理委员会
文件

关于在"严打"整治斗争中适用法律政策若干问题的意见

◎ 2001年4月6日，湖北省检察院与有关部门共同印发《关于在"严打"整治斗争中适用法律政策若干问题的意见》

◎ 湖北省委书记蒋祝平，省委副书记杨永良，省委常委、常务副省长邓道坤，省委常委、政法委书记陈训秋视察省检察院严打整治斗争开展情况

◎ 2000年，枣阳市检察院严厉打击黑恶势力犯罪、严重暴力犯罪和两抢一盗团伙犯罪，增强人民群众安全感，全力维护社会和谐稳定

# 四、积极开展民事行政检察工作

1998年，湖北省检察院下发《民事行政检察工作要点》，强调以办理抗诉案件为重点，全面开展民事行政检察工作。同年4月，全省检察机关召开首次民事行政检察工作会议，省人大、省委政法委的领导同志到会并讲话，省检察院检察长靳军、副检察长徐汉明在会上作报告。全省检察机关认真履行法律赋予的民事行政检察职责，不断建立健全工作机构，加大干部配备和教育培训力度，攻坚克难，锐意进取，奋力推动民事行政检察工作向纵深开展。

◎ 1998年4月，湖北省检察机关召开首次民事行政检察工作会议

◎ 2000年11月12日，参加“全省民事行政检察工作座谈会暨业务培训班”的学员合影

◎ 1999年，湖北省检察院举办全省民事行政检察疑难案件研讨班

◎ 2002年，湖北省检察院民事行政检察处与在汉五所高校共建实习基地

◎ 2001年5月，案件当事人给省检察院民事行政检察处送锦旗

# 五、深入实施检察改革

1999年，最高人民检察院研究制定了今后5年检察改革的总体规划，明确提出了深化检察改革的主要任务。根据最高人民检察院提出的改革任务和要求，1999年至2005年，湖北省检察机关围绕实行检务公开、试行主诉检察官办案责任制、推进干部人事制度和机构改革、加强和改进检察委员会工作、施行人民监督员制度等方面进行了有益探索，并通过改革试点，推动了全省检察改革工作深入健康发展。

## 实施公诉改革

1997年修（订）改后的刑法和刑事诉讼法实施后，针对司法实践中遇到的新情况、新问题，全省检察机关围绕完善公诉职能的法律机制，确立合理的诉侦体制、诉辩体制和诉审体制，打造一支高素质的公诉队伍，提高公诉权行使的效率，保障办案质量，强化侦查监督和审判监督，增加公诉权行使的公正性和透明度，为实现维护诉讼当事人的合法权利的目标，进行了公诉改革。

改革主要围绕六个方面进行：一是实行主诉检察官办案责任制；二是不起诉案件公开审查制度；三是庭前证据开示制度；四是简易程序和普通程序简易审；五是多媒体示证；六是诉讼文书的改革。

◎ 2001年4月，评选全省优秀公诉人论辩赛

◎ 2000年，首届湖北省公诉人与辩护律师业务研讨会

◎ 2000年3月20日，湖北省首次多媒体示证系统观摩庭

## 推进干部人事制度和机构改革

1999年至2005年，全省检察机关围绕推进干部人事制度和机构改革进行了有益探索，推动了全省检察改革工作深入健康发展。

在干部人事管理制度改革方面，全省检察机关坚持严把进人关，全面实行公开招考、择优录用，普遍推行竞争上岗、双向选择、民主推荐、任前公示、任职试用等制度，初步形成了新型选人用人的竞争激励机制；坚持辞退制度，疏通出口，对不符合检察官法的人员和落岗后培训不合格的人员，予以辞退；认真落实检察长异地交流制和任职回避制度、副检察长分管工作轮换制、中层干部轮岗制。

在机构改革方面，按照精简、统一、效能的原则，科学设置内设机构，合并职能重叠部门，充实业务部门。

2000年全省有86个检察院实行了中层干部竞争上岗，有79个检察院实行了一般干部双向选择，分别占全省检察机关总数的71.7%和65.8%。

2001年湖北省检察院实行了干部人事管理制度和机构改革，机关所有内设机构班子成员实行竞争上岗，通过演讲答辩、民主推荐和组织考核，有23名硕士、博士生被选拔到中层领导岗位；机关干警实行双向选择和分流后，精简人员10%；撤并、规范和调整了内设机构，增设了职务犯罪预防处，将法纪检察处改称渎职侵权检察处、审查批捕处改称侦查监督处。通过上述改革，充分调动和发挥了广大干警的积极性，进一步增强了检察机关的生机和活力。

◎ 2001年10月，湖北省检察院机关机构改革和干部人事制度改革总结大会

◎ 2001年10月，湖北省检察院领导与内设机构新班子成员座谈会

◎ 2001年10月，湖北省市县两级检察机关机构改革工作会议

## 实行人民监督员制度改革

人民监督员制度是最高人民检察院经党中央同意并向全国人大常委会报告，在检察机关开展试行的一项重大改革。根据最高人民检察院决定，报经省委和省人大常委会同意，湖北省作为全国第一批试点的10个省份之一，自2003年12月1日起在全省检察机关启动人民监督员制度试点工作。

这次试点工作的指导思想是：以十六大精神、“三个代表”重要思想和中央关于推进司法体制改革的指示为指导，紧紧围绕检察工作的总体要求，按照最高检制定的《人民检察院直接受理侦查案件实行人民监督员制度的规定（试行）》进行。试点工作坚持依法办理、实事求是、积极稳妥的原则。既充分尊重人民监督员的监督意见，又依法独立行使检察权；既以《规定（试行）》为依据开展工作，又满腔热情，结合实际大胆探索；既总结推广试点工作中好的经验，又客观反映存在的问题；既采取多种形式推动试点工作，又切实注重解决办理自侦案件中存在的突出问题，提高执法水平和办案质量，为人民监督员制度的全面实施提供经验，打好基础。

2003年11月，省检察院与省编办联合下发《关于全省地方检察机关设立人民监督员办事机构的指导意见》。

2004年1月，省检察院与省财政厅联合会签《关于人民监督员监督工作所需经费列入检察业务费管理的通知》，全省各级财政部门共安排专项资金500余万元。为了帮助人民监督员熟悉工作情况，掌握监督的范围、程序与方法，全省检察机关共组织人民监督员进行检察业务知识学习450余场次，赠送《人民监督员手册》3000余本，并赠阅《检察日报》《方圆法治·人民监督员专刊》等报刊资料。

2005年11月，省检察院在全国率先制定《湖北省检察机关人民监督员办公室工作规范（试行）》（含工作规程、工作质量标准、工作质量评审标准、工作运行表及监督“三类案件”工作流程图五个配套文件），促进了全省检察机关接受外部监督工作的有序运作，得到了最高人民检察院的充分肯定。

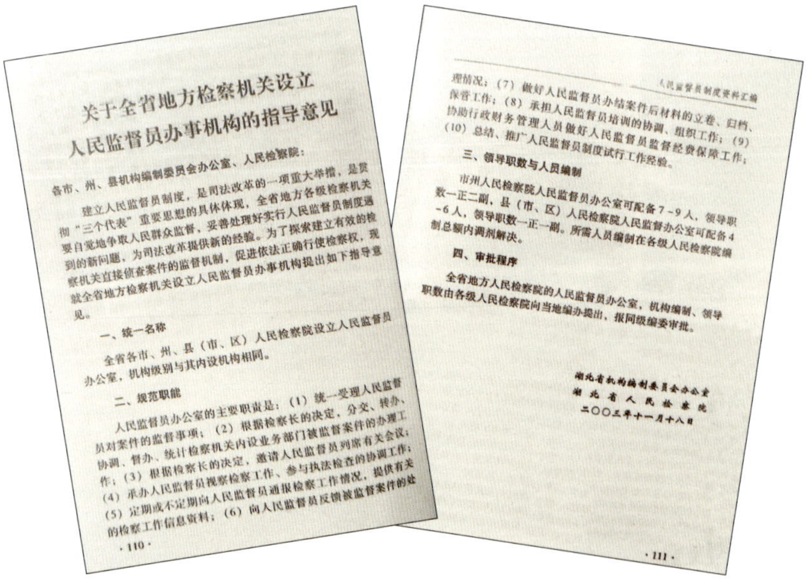

关于全省地方检察机关设立
人民监督员办事机构的指导意见

各市、州、县机构编制委员会办公室、人民检察院：

建立人民监督员制度，是司法改革的一项重大举措，是贯彻“三个代表”重要思想的具体体现，全省地方各级检察机关要自觉地争取人民群众监督，妥善处理好实行人民监督员制度遇到的新问题，为司法改革提供新的经验。为了探索建立有效的检察机关直接侦查案件的监督机制，促进依法正确行使检察权，现就全省地方检察机关设立人民监督员办事机构提出如下指导意见。

一、统一名称

全省各市、州、县（市、区）人民检察院设立人民监督员办公室，机构级别与其内设机构相同。

二、规范职能

人民监督员办公室的主要职责是：(1) 统一受理人民监督员对案件的监督事项；(2) 根据检察长的决定，分交、转办、协调、督办、统计检察机关内设业务部门被监督案件的办理工作；(3) 根据检察长的决定，邀请人民监督员列席有关会议；(4) 承办人民监督员视察检察工作、参与执法检查的协调工作；(5) 定期或不定期向人民监督员通报检察工作情况，提供有关的检察工作信息资料；(6) 向人民监督员反馈被监督案件的处

· 110 ·

人民监督员制度资料汇编

理情况；(7) 做好人民监督员办结案件后材料的立卷、归档、保管工作；(8) 承担人民监督员培训的协调、组织工作；(9) 协助行政财务管理人员做好人民监督员监督经费保障工作；(10) 总结、推广人民监督员制度试行工作经验。

三、领导职数与人员编制

市州人民检察院人民监督员办公室可配备7－9人，领导职数一正二副，县（市、区）人民检察院人民监督办公室可配备4－6人，领导职数一正一副。所需人员编制在各级人民检察院编制总额内调剂解决。

四、审批程序

全省地方人民检察院的人民监督员办公室，机构编制、领导职数由各级人民检察院向当地编办提出，报同级编委审批。

湖北省机构编制委员会办公室
湖北省人民检察院
二〇〇三年十一月十八日

· 111 ·

◎ 2003年11月18日，湖北省机构编制委员会办公室和湖北省人民检察院联合下发《关于全省地方检察机关设立人民监督员办事机构的指导意见》

2005 6
长期

湖北省人民检察院（通 知）

鄂检发[2005] 58号

关于下发《湖北省检察机关
人民监督员办公室工作规范（试行）》的通知

全省各级人民检察院：

《湖北省检察机关人民监督员办公室工作规范（试行）》已由湖北省人民检察院第十届检察委员会第三十七次会议讨论通过，现予印发，自2005年11月1日起试行。各地对于试行中遇到的问题，望及时报告省院。

—1—

◎ 2005年11月，湖北省检察院在全国率先制定《湖北省检察机关人民监督员办公室工作规范（试行）》

◎ 2003年11月13日，荆门市检察机关人民监督员制度试点工作会议

◎ 2003年，大冶市检察院人民监督员首例拟不诉案件监督会议

## 建立专家咨询制度

根据最高人民检察院有关文件精神，2002年，湖北省人民检察院实行了专家咨询制度，设立了专家咨询委员会。专家咨询委员会由法律、经济、金融、证券、财会、科技等方面的专家20至25人组成，每届任期5年，可以连续聘任。专家咨询委员会主要职责：一是根据湖北省人民检察院的要求，对有关检察工作的重大事项、重大问题进行分析、论证，提供法律、政策、理论依据和其他科学依据；二是分析、研究有关案件提出意见和建议；三是提供检察工作中涉及的特殊领域的专门知识和咨询意见；四是反馈社会各界对全省检察工作的批评和要求，提出改进意见和建议；五是检察长提议要求咨询的其它问题。

2005年10月21日，湖北省人民检察院第十届检察委员会第三十七次会议通过了《湖北省人民检察院专家咨询工作细则》，对专家咨询原则、咨询职责、咨询方式和咨询程序等方面，都作了具体规定，进一步健全完善了专家咨询制度。

◎ 2002年1月10日，湖北省检察院召开专家咨询委员会座谈会

# 六、积极参与“98 抗洪”

1998年，长江发生了继1954年以来又一次全流域性大洪水。面对险情，全省检察机关特别是沿江地区、灾区各级人民检察院和广大干警紧急动员起来，坚决贯彻执行中共中央、国务院的指示，在地方党委和政府的统一指挥下，同广大军民团结奋战、抗洪抢险，共投入检察干警6000多人，车辆11600多台次，资金380多万元，为夺取抗洪抢险斗争的伟大胜利积极贡献力量。

同时，在严厉打击危害抗洪抢险救灾犯罪活动中，广大检察干警夜以继日忘我工作，及时依法批捕、起诉破坏水利设施和趁洪灾抢劫、盗窃财产、破坏抢险救灾物资设备、聚众冲击国家机关等刑事犯罪案件，为维护灾区社会治安稳定、保卫国家和人民群众生命财产安全作出了重大贡献，赢得了地方党委、政府的充分肯定，受到了人民群众的普遍赞誉。

◎ 1998年8月13日，江泽民总书记在湖北洪湖乌林长江大堤向广大抗洪军民发表重要讲话

◎ 1998年11月，最高人民检察院检察长韩杼滨专程赴公安县检察院，视察灾后重建情况

◎ 1998年，靳军检察长到荆江大堤慰问参加抗洪抢险的检察干警

◎ 1998年，黄石市检察机关干警奋战在抗洪抢险第一线，全力保障人民群众生命财产安全

◎ 武汉市检察干警在急流中抢险

# 七、队伍建设

## 首次大检察官证书的颁发

◎ 最高人民检察院检察长韩杼滨向湖北省人民检察院检察长靳军颁发大检察官证书

◎ 2002年3月21日，首次大检察官证书颁发仪式在北京举行

## 第三届“中国十大杰出检察官”——王丽黎

◎ 1998年，汉川市检察院干警王丽黎当选第三届“中国十大杰出检察官”

## 评选“湖北十杰检察长”

党的十五大以来，全省检察机关坚持“公正执法、加强监督、依法办案、从严治检、服务大局”的检察工作方针，切实履行宪法和法律赋予的职责，依法查办贪污贿赂、渎职等职务犯罪案件，严厉打击刑事犯罪活动，加强对刑事、民事和行政诉讼的法律监督，不断取得新的成绩，为全省改革、发展和稳定作出了应有贡献，涌现出一大批执法护法的楷模。为肯定成绩，表彰先进，树立典型，弘扬正气，进一步推动检察队伍建设，强化基层基础工作，1999年湖北省委宣传部、省委组织部、省委政法委、省人大常委会办公厅、省劳动人事厅、省人民检察院在全省范围内联合开展了公开评选“湖北十杰检察长”活动。

经过各市、州、直管市和神农架林区相关部门积极推荐候选人，全省一百多万群众认真评选，主办单位联合考核评审，决定授予大冶市人民检察院检察长黄龙强、枣阳市人民检察院副检察长高随宽、青山区人民检察院检察长刘良银、随州市人民检察院检察长胡修虎、枝江市人民检察院副检察长赵亚平、英山县人民检察院检察长陈晓元、沙市区人民检察院检察长张运清、汉川市人民检察院检察长傅乘波、咸丰县人民检察院检察长曹安民等人“湖北十杰检察长”称号，并给他们各记个人一等功1次。

◎ 1999年，湖北十杰检察长评定会议

◎ 2005年10月28日，湖北省检察院召开全省十佳女检察官表彰会。图为省领导与十佳女检察官合影

◎ 1998年，纪念湖北检察机关重建20周年大会

◎ 2001年，全省检察机关英模事迹报告会

◎ 1999年，湖北省检察院举办国庆50周年联欢会

◎ 2001年6月29日，湖北省检察院机关纪念建党80周年大会

◎ 2002年，湖北省检察院机关春节联欢会

◎ 新版《楚天检察》电视专栏开播仪式

# 八、基层基础建设

1999年，根据最高人民检察院《关于开展“争创人民满意的检察院、争当人民满意的检察官”活动的通知》精神，以“五好”（班子建设好、队伍素质好、工作业绩好、管理机制好、社会形象好）基层人民检察院的标准，研究制定了以公正执法为重点、以人民满意为根本标准、以“五好”为主要内容的《湖北省检察机关“固基工程”实施方案》，并将“固基工程”分为全面启动、着力建设、巩固发展三步推进，力争到2003年全省绝大多数的基层人民检察院达到“五好”目标，使之成为司法公正、纪律严明、形象良好，能够担负依法治国历史重任，党和人民信赖和满意的检察队伍。

在实施“固基工程”中，全省各级检察机关围绕以“三讲”教育为中心，大力加强基层人民检察院领导班子建设；开展多种形式的教育培训，大力加强基层人民检察院队伍的素质建设；严格依法管理检察队伍，深入实施干部人事制度改革，大力加强基层人民检察院的机制建设；以公正执法为核心，全面加强基层人民检察院各项业务建设；开展“争创人民满意的检察院、争当人民满意的检察官”活动，大力加强基层人民检察院形象建设等五个方面重点，真抓实干，整体推进。2000年底，经过严格审查，认真考评，全省有91个基层人民检察院达到“五好”目标，其中有48个基层人民检察院被最高人民检察院、湖北省委政法委和湖北省人民检察院授予“人民满意的检察院”，实现了最高人民检察院提出的目标。截至2003年，全省109个基层人民检察院中，有102个达到“五好”基层人民检察院标准；有16个被评为“全国模范检察院”和“人民满意检察院”；有67个被评为“全省模范检察院”和“人民满意检察院”。全省共有459个集体和515名个人受到省级以上记功、表彰。湖北省人民检察院也被最高人民检察院授予“基层人民检察院建设组织工作奖”。

◎ 2004年6月，靳军检察长代表湖北省检察机关在全国基层检察院建设工作会议上作典型发言，介绍湖北工作经验

◎ 2001年6月，湖北省检察机关基层院建设现场推进会

## 靳军检察长调研基层院建设

◎ 湖北省检察院检察长靳军在咸宁调研基层院建设

◎ 湖北省检察院检察长靳军在宜昌调研基层院建设

◎ 最高人民检察院检察长贾春旺视察湖北省检察院监控室

◎ 湖北省人大常委会领导视察省检察院侦查指挥中心

◎ 2005年11月29日，湖北省检察机关二级专线网建设现场会

◎ 2005年9月9日，湖北省检察机关"两房"建设座谈会

◎ 2004年建成的崇阳县检察院办公楼

◎ 2005年建成的英山县检察院办公楼

◎ 2002年建成的应城市检察院办公楼

◎ 2003年建成的武汉市江汉区检察院办公楼

# 九、完善组织体系建设

## 湖北省随州市人民检察院成立

◎ 2000年12月26日，随州市检察院和该市曾都区检察院挂牌成立

## 湖北省人民检察院汉江分院成立

◎ 2001年7月30日，湖北省人民检察院汉江分院成立，属湖北省人民检察院派出机构

## 湖北省荆门市沙洋地区人民检察院成立

◎ 2001年1月12日，荆门市沙洋地区人民检察院举行办公楼揭牌仪式

## 湖北省荆州市江北地区人民检察院成立

◎ 2003年12月11日，荆州市江北地区人民检察院挂牌成立

## 湖北省襄阳市城郊地区人民检察院成立

◎ 2004年1月6日，襄樊市（2010年更名为襄阳市）城郊地区人民检察院挂牌成立

◎ 2004年1月2日，湖北省检察院举行升旗仪式并组织全体干警合影

湖北省人民检察院
湖北省人民检察院反贪污贿赂局

# 勇立潮头敢担当

## ——敬大力同志任检察长时期的湖北检察工作

好风借力再奋蹄，快马加鞭不下鞍。

2006年2月26日，第十届全国人大常委会第二十次会议批准任命敬大力为湖北省人民检察院检察长。这一时期，敬大力检察长带领全省检察机关忠实履行宪法和法律赋予的职责，着力强化法律监督、强化自身监督、强化队伍建设，各项工作取得新进展，在服务大局、维护稳定、强化监督、检察改革、执法公信力建设、群众工作、基层院建设等方面进行了有益探索，积累了一批可复制可推广的“湖北经验”。在此期间，全省检察机关大力推进检察一体化建设，全力推进执法规范化建设，发起鄂湘赣三省检察机关服务长江中下游城市群建设联席会议并出台相关协作机制，依法办理了刘汉、刘维等36人黑社会性质组织犯罪案（“1·10”专案）和蒋洁敏、李春城、王永春、郭永祥等重大专案，部署司法责任制改革，打造了检察发展研究论坛和检察基础理论论坛，创办了全国检察机关第一家新媒体矩阵“鄂检网阵”，建成了国家检察官学院湖北分院汤逊园校区……不少工作位居全国前列。

2008年第十二次全省检察工作会议以后，全省检察机关全面贯彻党的十七大精神，高举中国特色社会主义伟大旗帜，坚持以邓小平理论和“三个代表”重要思想为指导，深入贯彻落实科学发展观，按照党的十七大的部署全面加强和改进各项检察工作，加强自身建设，进一步强化法律监督职能，维护社会主义法制的统一、尊严、权威，维护社会和谐稳定和公平正义，为全省经济社会又好又快发展创造和谐稳定的社会环境、便捷高效的发展环境、公平公正的法治环境。

2013年第十三次全省检察工作会议以后，全省检察机关以学习贯彻党的十八大精神为主线，认真贯彻习近平总书记对政法工作的重要指示，坚持应急与谋远相结合，服务大局、执法为民，把握加强法治建设和提高执法公信力两个主基调，奋力开创全省检察工作新局面，为推进“五个湖北”建设、加快构建重要战略支点、率先在中部地区全面建成小康社会作出新的贡献。

## 敬大力 检察长

**任职时间**

2006.02—2016.01

敬大力，男，汉族，1958年2月生，黑龙江哈尔滨人，中共党员，硕士研究生学历。1976年9月至1978年3月，先后任黑龙江省机械化筑路工程处、哈尔滨1449研究所工人。1978年3月至1985年1月，在吉林大学法律系学习，获法学硕士学位。1985年1月至1989年5月，历任最高人民检察院法律政策研究室干部、书记员、助理检察员（其间：1985年1月至1986年3月，在河北定县人民检察院锻炼）。1989年5月至1994年3月，任最高人民检察院法律政策研究室副处级干部、一处副处长（其间：1991年4月至1992年3月，在中央党校国家机关分校学习；1992年10月至1993年11月，挂职任安徽省临泉县委副书记）。1994年3月至1995年1月，任最高人民检察院法律政策研究室一处处长。1995年1月至1999年4月，任最高人民检察院法律政策研究室副厅级干部、一处处长。1999年4月至2000年8月，任最高人民检察院反贪污贿赂总局副局长。2000年8月至2006年1月，任最高人民检察院职务犯罪预防厅厅长、检察委员会委员（其间：2004年2月至2006年1月，挂职任宁夏回族自治区人民检察院党组副书记、副检察长）。2006年1月任湖北省人民检察院党组书记、副检察长、代理检察长。2006年2月任湖北省人民检察院党组书记、检察长。2007年3月至7月、2012年8月至11月，先后在中央党校省部级干部进修班学习。2016年2月26日，第十次全国人大常委会第十九次会议批准任命敬大力为北京市人民检察院检察长。

# 一、服务大局

2006年至2015年，全省检察机关以党的十七大、十八大精神为指引，不断加强和改进检察工作，紧紧围绕全面建设小康社会的发展目标和湖北经济社会发展的大局，自觉地把检察工作置于党和国家工作大局中来谋划推进，立足检察职能找准切入点、结合点和着力点，不断增强服务大局的针对性和实效性，为推进湖北经济社会的平稳健康发展提供了有力的司法保障。

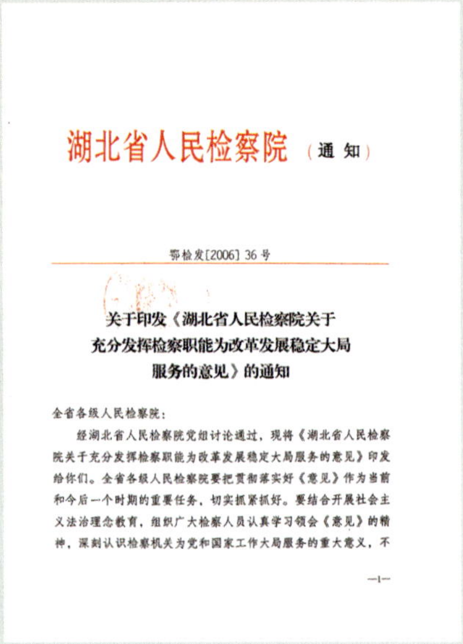

湖北省人民检察院（通 知）

鄂检发[2006] 36 号

关于印发《湖北省人民检察院关于充分发挥检察职能为改革发展稳定大局服务的意见》的通知

全省各级人民检察院：

经湖北省人民检察院党组讨论通过，现将《湖北省人民检察院关于充分发挥检察职能为改革发展稳定大局服务的意见》印发给你们。全省各级人民检察院要把贯彻落实好《意见》作为当前和今后一个时期的重要任务，切实抓紧抓好。要结合开展社会主义法治理念教育，组织广大检察人员认真学习领会《意见》的精神，深刻认识检察机关为党和国家工作大局服务的重大意义，不

—1—

◎ 湖北省人民检察院关于印发《湖北省人民检察院关于充分发挥检察职能为改革发展稳定大局服务的意见》的通知

◎ 2006年3月，湖北省人民检察院召开武汉城市圈检察长座谈会，研究服务大局工作措施

◎ 2006年4月，全省检察机关为建设社会主义新农村服务座谈会在武汉召开

◎ 2015年6月18日，鄂湘赣三省检察机关在湖北武汉召开首次服务长江中游城市群建设工作联席会议

◎ 2008年3月，召开全省检察机关查办民生领域职务犯罪专项工作电视电话会议

◎ 湖北省人民检察院积极参加全省南水北调移民资金监管工作

◎ 检察人员深入工程建设现场，开展服务活动

# 二、维护稳定

2006年至2015年，全省检察机关紧紧围绕维护重要战略机遇期社会和谐稳定的总目标，牢牢把握最大限度地激发社会创造力、最大限度地增加和谐因素、最大限度地减少不和谐因素的总要求，坚持检察机关宪法定位，充分发挥全省检察机关各项职能作用，依法严厉打击境内外敌对势力的颠覆破坏活动和各类严重刑事犯罪活动，保障国家安全和社会稳定；坚持把维护人民权益作为检察工作的根本出发点和落脚点，更加注重保障和改善民生，促进解决人民群众最直接最现实的利益问题，努力从根本上维护社会和谐稳定；坚持和谐执法的理念，认真贯彻宽严相济的刑事政策，积极推进创新社会管理、化解社会矛盾、公正廉洁执法三项重点工作，促进解决影响社会和谐稳定的源头性、根本性、基础性问题，为建设法治湖北、平安湖北、和谐湖北，加快构建中部地区崛起的战略支点提供了有力法治保障。

◎ 2014年，刘汉、刘维等36人涉黑案（“1·10”专案）庭审现场

◎ 2014年7月，湖北省检察院检察员出席刘汉、刘维等36人涉黑案（“1·10”专案）二审法庭，依法履职

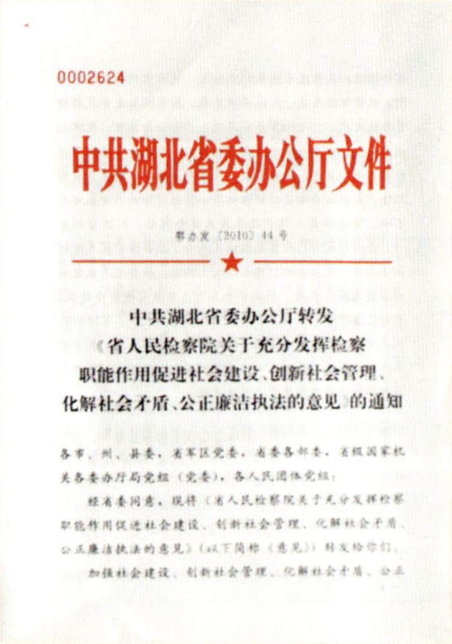

0002624

中共湖北省委办公厅文件

鄂办发〔2010〕44号

中共湖北省委办公厅转发
《省人民检察院关于充分发挥检察职能作用促进社会建设、创新社会管理、化解社会矛盾、公正廉洁执法的意见》的通知

各市、州、县委，省军区党委，省委各部委，省级国家机关各委办厅局党组（党委），各人民团体党组：

经省委同意，现将《省人民检察院关于充分发挥检察职能作用促进社会建设、创新社会管理、化解社会矛盾、公正廉洁执法的意见》（以下简称《意见》）转发给你们。

加强社会建设、创新社会管理、化解社会矛盾、公正

◎ 中共湖北省委办公厅转发《省人民检察院关于充分发挥检察职能作用促进社会建设、创新社会管理、化解社会矛盾、公正廉洁执法的意见》的通知

◎ 全省检察机关深入开展排查化解涉检信访积案工作会议

◎ 2009年2月，随州检察院公诉的特大杀人犯熊振林被依法判处死刑

◎ 2009年12月，湖北检察机关起诉的喻文斌特大贩毒团伙案庭审现场

# 三、反腐倡廉

2006年以来，全省检察机关认真按照中央、省委和最高检的要求，始终把查办和预防职务犯罪摆在更加突出位置，坚持有案必办、有腐必惩，积极发挥检察机关在反腐败斗争中的职能作用。

2006年至2015年，全省检察机关共立案侦查贪污贿赂犯罪14990人，渎职侵权犯罪4422人。立案侦查职务犯罪大案2480件，其中贪污、贿赂、挪用公款百万元以上案件1109件，重特大渎职案件1982件；立案侦查县处级以上干部职务犯罪要案1566人，其中厅局级205人、省部级4人（均含最高人民检察院交办）。

◎ 2015年8月，全省检察机关信息化侦查“大比武”总决赛暨信息化侦查业务培训

◎ 全省检察机关反贪工作会议

◎ 全省检察机关反渎职侵权工作推进会

◎ 2015年，湖北检察机关依法对国务院国有资产监督管理委员会原主任、党委副书记蒋洁敏涉嫌受贿、巨额财产来源不明、国有公司人员滥用职权案提起公诉

◎ 2015年，湖北检察机关依法对四川省委原副书记李春城涉嫌受贿、滥用职权案提起公诉

◎ 2015年，湖北检察机关依法对中国石油天然气集团公司原副总经理、党组成员、大庆油田有限责任公司原总经理、党委副书记王永春涉嫌受贿、巨额财产来源不明、国有公司人员滥用职权案提起公诉

◎ 2015年，湖北检察机关依法对四川省文联原主席郭永祥涉嫌受贿、巨额财产来源不明案提起公诉

## 湖北省人民检察院反渎职侵权局挂牌

◎ 2006年7月5日，湖北省人民检察院反渎职侵权局挂牌

## 全国检察机关惩治和预防渎职侵权犯罪展在鄂开展

2011年7月28日，全国检察机关惩治和预防渎职侵权犯罪展览在武汉洪山礼堂正式启动。该展览以“共创法治蓝天”为主题，由最高人民检察院主办、湖北省人民检察院承办，是建国以来全国检察机关首次举办的以惩治和预防渎职侵权犯罪为主要内容的大型展览。展览运用了大量的图片文字和电子翻书、单点触摸屏、专题片等高科技手段，生动地展现了湖北检察机关开展反渎职侵权检察工作取得的成效。其中特别选取了湖北检察机关近年来查办的32件渎职侵权典型案例，增强了巡展的震撼力。

该展览为期3个月，全省700余家单位3万余名党员干部参观展览并接受警示教育。

◎ 时任湖北省委副书记、省长王国生参观惩治和预防渎职侵权犯罪展览

## 全省大规模预防渎职侵权违法犯罪教育培训

根据省委研究部署，2012年6月，湖北省纪委、省检察院等11家单位制定了《湖北省落实〈关于加大惩治和预防渎职侵权违法犯罪工作力度的若干意见〉的实施办法》（简称《实施办法》），由省“两办”转发。《实施办法》要求把反渎职侵权工作纳入惩治和预防腐败体系建设。

为全面贯彻落实中央、省委决策部署，从2012年9月19日开始，湖北陆续举办14期培训班，对省直机关4000余名处级以上干部进行集中教育培训。与此同时，全省各地陆续对近30万名公务员开展了大规模的预防渎职侵权违法犯罪教育培训，在强化教育培训中增强预防渎职侵权，促进依法履职的自觉性。

◎ 2012年9月19日，湖北省首期省直机关处级以上干部预防渎职侵权违法犯罪培训班在国家检察官学院湖北分院汤逊园校区开班，时任省检察院党组成员、反渎职侵权局局长王永金为参训学员授课

# 四、强化监督

2006年至2015年，全省检察机关紧紧围绕“强化法律监督，维护公平正义”的工作主题，牢固树立“依法履职、监督为本”的理念，始终坚持检察机关宪法定位，不断强化监督意识、加大监督力度、突出监督重点、增强监督实效，逐步形成了各项诉讼监督工作全面协调发展的诉讼监督格局。2008年湖北省检察院研究制定了《湖北省检察机关刑事诉讼监督调查办法》和《湖北省检察机关民事审判行政诉讼活动法律监督调查办法》，建立和完善了法律监督调查机制，进一步加大了法律监督力度，强化了法律监督整体效能。2009年7月31日，湖北省第十一届人大常委会第十一次会议审议通过了《湖北省人民代表大会常务委员会关于加强检察机关法律监督工作的决定》，同年8月11日湖北省人民检察院制定下发了《湖北省检察机关学习贯彻省人大常委会〈关于加强检察机关法律监督工作的决定〉的实施方案》，全省各级检察机关以学习、宣传、贯彻《决定》为契机，贯彻法治湖北建设部署，把维护社会公平正义作为核心价值追求，加大监督力度，促进严格执法、公正司法。从人民群众对检察工作的新要求新期待入手，牢固树立“监督就是支持、监督者必须接受监督”的观念，进一步规范监督行为、完善监督方式，坚持做到依法监督、善于监督、规范监督和理性监督，开创了湖北检察法律监督工作新局面。

◎ 2009年7月，湖北省人大常委会讨论通过《关于加强检察机关法律监督工作的决定》

◎ 2009年7月，湖北省人大常委会讨论通过《关于加强检察机关法律监督工作的决定》

# 强化法律监督

不断强化刑事立案和侦查活动法律监督：全面掌握侦查监督“三项改革”，不断创新和完善侦查监督工作机制，深化法律监督机制，落实与公安机关的监督制约、协调配合机制，健全“两法衔接”工作机制，切实提高侦查监督实效

不断强化刑事审判法律监督：针对公诉和刑事审判监督“一手硬、一手软”的问题，坚持“两手抓，两手硬、两手协调”，全面整合、加强刑事审判法律监督工作，着力纠正人民群众反映强烈的执法不公、司法不公和司法腐败问题

不断强化民事和行政诉讼法律监督：坚持“四个加强，四个维护”的民事行政诉讼法律监督工作思路，推动建立以抗诉为中心的多元化监督格局，促进民事行政法律监督工作全面发展

不断强化刑罚执行和监管活动法律监督：以刑罚变更执行监督、刑事羁押期限监督、被监管人死亡检察、查办刑罚执行和监管活动中职务犯罪为重点，着力提升监所检察法律监督能力

◎ 强化刑事立案和侦查活动法律监督

◎ 强化刑事审判法律监督

◎ 强化民事和行政诉讼法律监督

◎ 强化刑罚执行和监管活动法律监督

◎ 侦查监督部门依法对公安机关侦查活动开展法律监督调查

◎ 公诉部门依法对死刑案件进行临场监督

◎ 刑事审判监督部门深入法院开展法律监督调查

◎ 民事行政检察部门出庭宣读抗诉书

◎ 监所检察部门依法对监管场所刑罚执行情况开展法律监督调查

# 五、司法改革

2006年至2015年，全省检察机关紧紧围绕党中央和最高人民检察院关于推进司法体制和工作机制改革的部署，勇于冲破不符合检察工作发展规律的观念、体制的束缚，在现行法律框架内，遵循检察权的运行规律，率先在全国检察系统实行检察工作一体化机制，并以检察工作一体化为龙头，探索建立法律监督调查机制，促进公正规范文明执法的长效机制、执法办案的科学考评和绩效管理等七项机制，积极推进“两个适当分离”“小院整合”等一系列改革举措。2014年3月，湖北省检察机关作为全国司法体制改革第一批七个试点省份之一，积极探索可复制可推广的经验，深化司法体制改革和检察工作机制创新，为推进湖北检察事业在新的时期、新的起点上科学发展注入了新的生机与活力。

## 全面推进司法体制改革动员部署会

◎ 2015年10月10日，湖北省全面推进司法体制改革工作电视电话会议在省检察院召开，省委、省政府主要领导出席会议

## 全省法官检察官遴选委员会

◎ 2015年12月24日，湖北省法官检察官遴选委员会召开会议

## 法律监督调查工作机制

◎ 湖北省检察院召开法律监督调查工作机制经验交流会

## 执法办案的科学考评和绩效管理机制

◎ 湖北省人民检察院科学考评和绩效管理文件

◎ 开展科学考评和绩效管理机制目标考核

◎ 2007年11月，最高人民检察院副检察长王振川出席在湖北省人民检察院召开的“全国检察机关讯问全程同步录音录像工作”经验交流会

◎ 湖北省人民检察院侦查指挥中心视频系统

◎ 全省检察机关建立刑事立案与侦查监督调查工作机制

◎ 全省检察机关实施职务犯罪逮捕权上提一级改革

## 多项改革齐头并进、有条不紊进行

◎ 2009年11月，湖北省检察机关积极探索“小院整合”机制创新

◎ 2012年8月28日，湖北省检察院在黄石召开全省基层检察院内部整合改革工作推进会

◎ 推行下级检察院向上级检察院报告工作制度

# 六、执法公信

2006年至2015年，全省检察机关坚持把执法公信力作为检察机关长远发展的一项重要战略任务来抓，按照“坚持长期治理、健全长效机制、落实治本措施”的总体思路，以加强执法规范化建设为抓手，以公正廉洁执法提升公信力为目标，着力构建以执法办案为中心、以制度规范为基础、以执法管理为前提、以监督制约为关键、以执法保障为条件的五位一体工作格局；按照提升执法公信力的总体要求，从素质层面加强法律监督能力建设，从行为层面规范执法办案活动，从整体层面强化“命运共同体”意识，把加强执法规范化建设、检察职业道德建设和自身监督制约机制建设作为提升执法公信力的重要内容和有效途径，通过强化法律监督的具体实践和公正廉洁执法的实际行动，不断促进全省检察机关执法公信力的整体提升。

◎ 2009年6月，湖北省人民检察院召开提升执法公信力动员大会

## 加强执法规范化建设

为深入实践“强化法律监督、维护公平正义”工作主题，促进检察机关执法规范化建设，根据全国检察机关纪检监察会议关于开展纠风专项治理工作的部署，2006年2月湖北省人民检察院制定了《关于全省检察机关开展“三个专项治理”活动的实施方案》，决定从3月1日起至9月30日在全省检察机关开展对受利益驱动违规办案、不文明办案和办案安全隐患问题的专项治理活动（以下简称“三个专项治理”）。其主要内容是：一是开展对受利益驱动违法违规办案的专项治理，坚决纠正乱查封、乱扣押、乱罚款、乱追赃、乱拉赞助，违反规定占用发案单位的交通、通讯工具或者到涉案单位报销费用，越权办案、违法插手经济纠纷等问题；二是开展对不文明办案的专项治理，坚决纠正对被调查对象、犯罪嫌疑人刑讯逼供、暴力取证、非法拘禁、滥用强制措施或者变相体罚等侵犯当事人人身权利的问题，对群众颐指气使，对申诉人冷硬横推等特权思想、霸道作风以及滥用检察权损害群众利益的问题；三是开展对办案安全隐患的专项治理，坚决纠正思想认识不到位、安全防范设施不健全、办案区管理不规范、安全防范制度不落实、不按规定执行羁押等办案安全隐患的问题。

◎ 全省检察机关纪检监察工作会议暨开展“三个专项治理”活动动员电视电话会议

为巩固“三个专项治理”活动的成果，进一步促进执法规范化建设，着力提升检察机关执法公信力。2010年10月，湖北省人民检察院制定了《关于构建促进检察机关公正廉洁执法工作格局的指导意见》，确立了执法办案、制度规范、执法管理、监督制约、执法保障“五位一体”的工作格局，强化了“四个绝对禁止、一个必须实行”的办案纪律。2011年湖北省人民检察院决定在全省检察机关开展“强化检察监督年”活动，各级检察机关按照遵循检察工作规律、实现管理科学化的要求，从加强政务管理、加强执法管理、加强保障管理、加强队伍管理四个方面20项工作入手，努力实现“落实、增效、规范、创新”的目标任务，切实保障法律监督职能规范、公正、高效运行。2015年8月14日，湖北省人民检察院召开全省检察机关职务犯罪侦查部门落实“八项禁令”、规范司法行为电视电话会议，传达学习《最高人民检察院职务犯罪侦查工作八项禁令》，深入推进规范司法专项整治，着力提高职务犯罪侦查工作法治化水平。全省检察机关在规范司法专项整治活动中，进一步健全案件线索管理、涉案财物统一管理等制度，严格防止违法违规办案;在27个看守所建立定点羁押点，推进专属监区建设;取消涉及批捕率、起诉率等15个考核项目指标，树立正确工作导向。

◎ 2015年8月14日，湖北省检察机关职务犯罪侦查部门落实“八项禁令”、规范司法行为电视电话会议

◎ 检察干警认真填写“一案三卡”

## 加强自身监督机制建设

为进一步加强检察机关的作风建设，根据中纪委第七次全会、全国检察机关纪检工作会议和省纪委第十一次全体会议精神，2007年湖北省人民检察院决定在全省检察机关开展以全面加强思想作风、学风、工作作风、领导作风、干部生活作风和执法作风建设为主要内容的作风建设活动（以下简称“作风建设年”活动）。同年2月湖北省人民检察院印发了《湖北省检察机关开展“作风建设年”活动实施方案》，明确了开展“作风建设年”活动的指导思想、工作目标、方法步骤和工作要求，并召开了全省检察机关纪检监察工作暨开展“作风建设年”活动动员电视电话会议。在中共湖北省人民检察院党组的领导下，各级检察机关积极行动，周密部署，深入查摆，狠抓整改，整个活动取得了良好的效果。

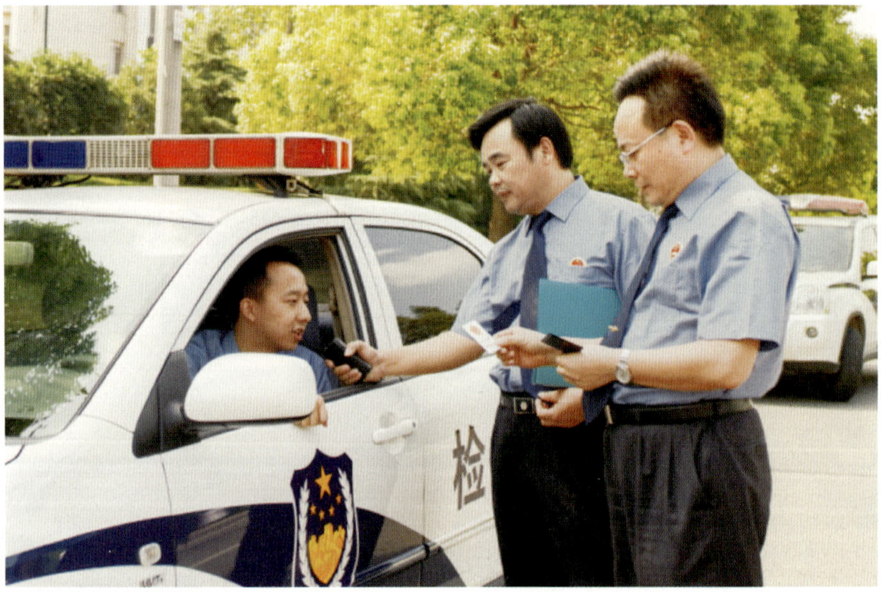


◎ 对基层检察院警车管理认真开展检务督察

◎ 湖北省人民检察院派出工作组深入全省检察机关开展巡视工作

## 加强检察职业道德建设

为提高检察官职业道德水准，建设一支严格、公正、文明、廉洁执法的检察队伍，根据中央政法委和最高人民检察院关于加强检察职业道德教育的指示精神，2009年2月湖北省人民检察院决定在全省检察机关开展“恪守检察职业道德、维护社会公平正义”主题实践活动，教育倡导检察人员践行检察职业道德规范，解决不符合检察职业道德要求的突出问题，建立检察职业道德修养机制，以提高检察机关执法公信力为根本目标，树立良好的社会形象。

为进一步提高全省检察机关执法公信力，2009年12月湖北省人民检察院决定，集中半年时间在全省检察机关开展一次以“提高执法公信力，我该做什么”为主题的评查活动。通过活动，对照“严格执法、公正执法、文明执法、高效执法、树立权威”的目标要求，引导检察人员集中时间、集中精力，以我为主、认真评查，坚持从小事做起、从点滴做起、从自身做起，着力解决从思想上和工作上与执法公信力建设要求不相适应、不相符合的突出问题，切实增强法律监督能力，提升人民群众对检察工作的满意度，将湖北省检察机关执法公信力建设提高到一个新的水平。

◎ 2009年7月，湖北省人民检察院机关开展“恪守检察职业道德，维护社会公平正义”演讲比赛

◎ 2010年8月，湖北省人民检察院深入推进“恪守检察职业道德，促进公正廉洁执法”主题实践活动

◎ 全省检察机关开展"十型"检察官评选活动，图为武汉市检察机关"维护公平正义十佳检察官"颁奖晚会

◎ 2010年12月6日，湖北省检察院组织全省检察机关弘扬检察职业道德先进事迹报告会

◎ 全省检察机关开展"提高执法公信力，我该做什么"演讲比赛，图为汉江检察机关举办的演讲比赛

# 七、队伍建设

2006年至2015年，全省检察机关按照上级部署，全面加强新时期检察队伍建设，努力打造一支政治坚定、业务精通、作风优良、清正廉洁、执法公正的检察队伍。2007年11月，湖北省人民检察院研究制定了《关于加强检察队伍建设若干问题的决定》，明确了加强新时期检察队伍建设的指导思想、总体目标、基本原则和主要任务，全面部署和推进检察队伍建设“六项工程”。全省检察机关不断细化任务、强化措施，提出42项具体工作任务，有力推动了全省检察队伍整体水平不断提升，为湖北检察事业科学发展提供了坚强有力的人才保障，湖北省人民检察院多次就检察队伍建设经验在全国检察、中共湖北省委会议上发言。2013年第十三次全省检察工作会议，认真按照最高检关于加强新形势下检察队伍建设的总体部署和要求，为“六项工程”建设不断赋予新的内涵、注入新的内容，常抓不懈、常抓常新，在新的更高起点上推进检察队伍建设不断取得新的成效。

## 首届“守望正义——群众最喜爱的检察官”：程然

◎ 2014年10月15日，最高人民检察院、湖北省委在武汉联合召开授予孝感市检察院程然同志“全国模范检察官”荣誉称号命名表彰大会

◎ 2015年1月30日，最高人民检察院召开全国检察机关首届“守望正义——群众最喜爱的检察官”表彰会议（前排右二为湖北省孝感市孝南区检察院干警程然）

## 评选湖北省“十佳基层检察院”“十杰检察官”

◎ 2007年8月，最高人民检察院、湖北省委领导与省“十佳基层检察院”检察长、“十杰检察官”合影

## 签订党风廉政建设责任状

◎ 2015年全省检察长会议，湖北省检察院检察长敬大力与市州分院、林区院检察长，省院内设机构负责人签订党风廉政建设责任状

## 全省检察长座谈会暨加强检察队伍建设会议

◎ 召开全省检察长座谈会暨加强检察队伍建设会议，出台系列规范性文件

## 加强检察理论研究　促进队伍专业化建设

2006年至2015年，全省检察机关通过创建机制搭建平台，促进研究成果转化应用，夯实教育基地，培养专业人才，大力推动检察研究工作发展进步。

2006年9月，首届湖北省检察机关检察理论与应用年会着眼于检察事业的长远发展，确立了当前和今后一个时期促进检察理论与应用研究深入发展的总体思路和工作机制。

2007年湖北省人民检察院检察发展研究中心、湖北省法学会检察学研究会相继成立。

2011年1月中国检察学研究会依托湖北省人民检察院成立了检察基础理论专业委员会。

◎ 2006年2月，最高人民检察院检察长贾春旺为湖北省检察院副检察长徐汉明颁发全国检察业务专家证书

◎ 2007年12月，湖北省政协主席宋育英、省检察院检察长敬大力为湖北省人民检察院检察发展研究中心揭牌

◎ 2011年1月，首届中国检察基础理论论坛

◎ 2008年11月，由湖北省检察院检察发展研究中心主办的检察发展论坛

◎ 2008年4月，预防职务犯罪理论与实践国际论坛

## 深化检校合作 培养高层次检察人才

自2010年起，湖北省检察院与华中科技大学正式启动检察专业研究生联合培养工作，检察专业研究生教育定位于培养“有理论的实践家和有实践的理论家”。通过完善课程设置、改进教学方式和实行双师指导等措施，实现了“产学研”的紧密结合，保证了培养出来的学生适应实务部门需要，这种人才培养模式，得到了最高检的充分肯定。不少学员通过学习提高了自己的履职能力，有的走上了领导岗位，有的获得全国和全省检察业务专家、检察理论研究人才、优秀公诉人、优秀侦查监督检察官等称号，入选全国和全省检察人才库。

◎ 2010年9月2日，华中科技大学法学院首届检察专业法学硕士开学仪式

## 全省检察长培训班

◎ 2012年2月27日，在国家检察官学院湖北分院汤逊园校区举办全省检察长培训班，来自湖北省检察院轮岗及新任内设机构负责人、全省检察机关新任及交流检察长和全省各级检察院检察长200余人参加培训

## 年轻干部培训班

◎ 2013年，举办全省检察机关年轻干部春季培训班

## 全省检察机关司法警察大比武

◎ 2014年10月29日，全省检察机关司法警察大比武汇报展演

## 打造“鄂检网阵”

2006年至2015年，全省检察机关坚持“立检为公、执法为民”的宗旨，继承和发扬密切联系群众的优良传统，坚持检察工作与群众路线相结合的原则，始终把群众工作贯穿于检察工作全过程，按照人民群众的新要求新期待加强和改进检察工作，特别是积极尝试运用新媒体落实便民利民措施，打通服务群众的“最后一公里”，有力推动了全省检察机关群众工作的深入发展。

◎ 鄂检网阵：指省检察院门户网站、官方博客、微博、微信、手机客户端、手机报，以及全省检察院门户网站、官方微博、微信等构成的新媒体平台系统

◎ 微信问政新锐奖

◎ 全国检察新媒体矩阵建设奖

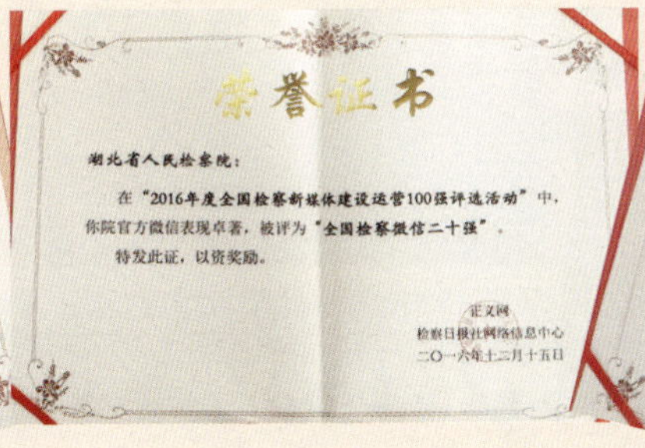


◎ 全国检察微信二十强

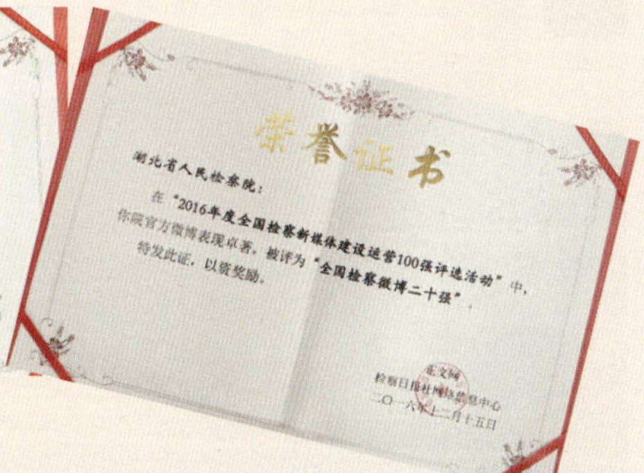


◎ 全国检察微博二十强

## 全省检察机关合唱比赛

◎ 2008年2月25日，全省检察机关“人民检察官之歌”合唱比赛

# 八、固本强基

2006年至2015年，全省检察机关着眼于检察事业的长远发展，始终坚持把基层人民检察院建设作为一项长期的重要战略任务来抓。2006年按照最高人民检察院关于全面加强基层人民检察院建设的部署，积极推进基层人民检察院检察业务、队伍和信息化“三位一体”机制建设。2009年紧紧围绕最高检提出的：执法规范化、队伍专业化、管理科学化、保障现代化（以下简称“四化”）的总目标，湖北省检察机关研究部署推进基层人民检察院建设20件应当做、急迫做、能够做的事项，加强组织领导，健全责任体系，全面深入开展基层人民检察院“四化”建设。进入“十二五”时期，全省检察机关以保障执法办案、保障能力提升、保障规范执法、保障事业发展为目标，全面深入推进检察经费保障、基础设施建设和科技强检战略。第十二次全省检察工作会议，决定在全省检察机关部署开展以“强办案、强监督、强管理”为主要内容的科技强检活动，大力加强检察信息化建设和应用，全面提升检察科技含量，为湖北检察事业的长远发展打下了坚实的基础。

◎ 2010年2月，参加全国检察机关“双先”表彰会议的英模代表载誉归来

◎ 在2010年全国检察机关“双先”表彰活动中，阳新县检察院被评为全国模范检察院

## 推进基层检察院“四化”建设

湖北省检察机关紧紧围绕最高人民检察院提出的：执法规范化、队伍专业化、管理科学化、保障现代化（简称“四化”）的总目标，加强组织领导，健全责任体系，全面深入开展基层人民检察院“四化”建设。

截至2015年，全省有58个基层人民检察院被评为全国模范先进基层人民检察院，有5个基层人民检察院被最高人民检察院记集体一等功，有3个基层人民检察院被评为全国检察文化建设示范院；全省90%的基层人民检察院被评为文明单位，其中省级以上文明单位76个、全国文明单位3个，全省检察系统被评为省级精神文明建设先进系统。

◎ 2009年11月，湖北省推进基层检察院“四化”建设现场观摩和经验交流会

◎ 全省检察机关开展基层院“四化”建设巡礼活动

## 加强基础设施建设

◎ 湖北省检察院监控中心

◎ 湖北省检察院数字化检委会会议室

## 加强基层检察院“两房”建设

◎ 新修建的钟祥市人民检察院

◎ 赤壁市检察院办公楼，2014年1月投入使用

◎ 丹江口市检察院新办公楼，2010年12月投入使用

◎ 阳新县检察院办公楼，2014年10月投入使用

# 国家检察官学院湖北分院汤逊园校区

◎ 国家检察官学院湖北分院汤逊园校区于2008年10月正式奠基，2011年11月底正式竣工。一期共建7栋主体建筑楼，校区建设层次分明、布局合理，是一所集教育培训、实训教学、公务接待、体能训练等多种功能于一体的校园。

◎ 2008年12月30日，最高人民检察院党组书记、检察长曹建明接见湖北省人民检察院全体干警

北省人民检察院全体干警 2008.12.30
湖北省人民检察院
湖北省检察官培训学院

# 务实重行谱新篇

## ——王晋同志任检察长时期的湖北检察工作

雄关漫道真如铁，而今迈步从头越。

2016年2月26日，第十二届全国人民代表大会常务委员会第十九次会议批准任命王晋为湖北省人民检察院检察长。

近年来，全省检察机关在王晋检察长带领下，认真贯彻落实中央、最高检、省委决策部署，坚持“依法履职尽责、服务保障大局”这一工作主线，书写了荆楚检察新篇章，取得了全方位、开创性成就：相继出台了平等保障和促进非公经济健康发展的“鄂检十条”，成功办理了中央交办的陈雪枫、吴天君等一批重大职务犯罪案件，制定出台司法责任制改革实施方案和30余项配套制度，顺利完成为期两年的提起公益诉讼试点，深入推进扫黑除恶专项斗争，开展“保护生态环境、促进绿色发展”、服务和保障创新驱动发展专项法律监督工作，配合国家监察体制改革并顺利完成转隶工作，继续做好检察环节反腐败斗争……在服务大局、维护稳定、诉讼监督、反腐倡廉、队伍建设、检察研究、智慧检务、基层建设等方面均取得了突出成就。湖北检察工作报告人大赞成率逐年攀升，2019年全省“两会”上达到97.28%，创造了启用表决器以来历史新高。

2018年8月召开的第十四次全省检察工作会议，以习近平新时代中国特色社会主义思想为指引，按照“讲政治、顾大局、谋发展、重自强”的总要求，围绕张军检察长提出的新时代检察工作新的发展理念，提出了今后一个时期全省检察工作的总体思路。

今后一段时期，全省检察机关将认真学习贯彻党的十九大精神和习近平新时代中国特色社会主义思想，继续坚持和深化“依法履职尽责、服务保障大局”这一主线，坚持政治建检、业务立检、人才兴检、科技强检、从严治检等五大发展战略，重点围绕“五个新”，即：倾力服务湖北高质量发展新篇章、着力构建法律监督新体系、努力形成检察改革新局面、奋力打造过硬队伍建设新气象、全力拓展基层基础建设新空间，推动湖北检察工作创新发展，努力为谱写新时代湖北高质量发展新篇章，决胜全面建成小康社会、全面建设社会主义现代化强省提供更有力的司法保障。

# 王　晋 检察长

**任职时间**

2016年2月—

王晋，男，汉族，1957年11月生，山西长子人，1976年6月参加工作，中共党员，大学学历，法学学士学位，全国检察业务专家，现任湖北省人民检察院党组书记、检察长、二级大检察官。1976年6月至1977年1月，黑龙江省哈尔滨电力设备制造厂工人；1977年1月至1980年1月，解放军89341部队战士、班长；1980年1月至1980年9月黑龙江省哈尔滨无线电三厂工人；1980年9月至1984年7月，中国政法大学法律系法律专业学习；1984年7月至1985年6月，任黑龙江省高级人民法院刑三庭书记员；1985年6月至1987年6月，黑龙江省委政法委干部；1987年6月至2000年9月历任最高人民检察院办公厅干部、助理检察员、外事处副处长、处长、检察员、外事局局长助理兼一处处长、外事局副局长兼一处处长；2000年9月至2016年1月，历任最高人民检察院刑事申诉检察厅副厅长、厅长、检察委员会委员、案件管理办公室主任；2016年1月任湖北省人民检察院党组书记、副检察长、代理检察长；2016年2月任湖北省人民检察院党组书记、检察长。第十三届全国人大代表，第十一届湖北省委委员，第十二届、第十三届湖北省人大代表。

# 一、科学发展

近年来，全省检察机关坚持以习近平新时代中国特色社会主义思想和党的十九大精神为指引，按照“讲政治、顾大局、谋发展、重自强”的总要求，坚持以“依法履职尽责、服务保障大局”为主线，突出强调“加强法律监督，深化司法改革，建设过硬队伍，打牢基层基础”四项重点工作，大力弘扬“深耕细作、务实重行、开拓创新、担当作为”四种精神，实现了检察工作发展思路与时俱进，奋力为谱写新时代湖北高质量发展新篇章创造安全稳定的社会环境、公平正义的法治环境、优质高效的服务环境。

◎ 第十四次全省检察工作会议

2018年8月28日上午，第十四次全省检察工作会议在国家检察官学院湖北分院汤逊园校区召开。会前，湖北省委书记蒋超良、省长王晓东对此次会议专门作出批示,充分肯定过去五年工作成绩,并对下阶段工作提出具体要求。会议全面回顾了过去五年全省检察工作，深入分析当前形势，安排部署今后一个时期工作。

## 第十四次全省检察工作会议确定的今后五年总体工作思路：

### 一条工作主线

依法履职尽责、服务保障大局

### 五大战略

政治建检、业务立检、人才兴检、科技强检、从严治检

### 四种精神

深耕细作、务实重行、开拓创新、担当作为

### 五种理念

一是要正确认识监督与办案的辩证统一关系

二是要与其他执法司法部门形成良性、互动、积极的工作关系

三是要树立双赢多赢共赢的监督理念

四是要坚持政治效果、社会效果、法律效果相统一

五是要坚持以上率下、以上促下、领导带头

### 五项任务

一是倾力服务湖北高质量发展新篇章

二是着力构建法律监督新体系

三是努力形成检察改革新局面

四是奋力打造过硬队伍建设新气象

五是全力拓展基层基础建设新空间

# 二、服务大局

近年来，全省检察机关认真贯彻落实习近平总书记关于司法工作要融入大局、服务大局、保障大局的指示精神，牢固树立新发展理念，把人民对美好生活的向往作为奋斗目标，紧紧围绕湖北“建成支点、走在前列”，坚持以“依法履职尽责，服务保障大局”为主线，围绕促进现代化经济体系建设、保障和改善民生，一年一个大专项，在服务非公企业发展、加强生态环境司法保护、助力脱贫攻坚战、服务创新驱动发展战略实施等方面部署开展专项法律监督工作，为湖北经济社会发展提供了强有力的法治保障。

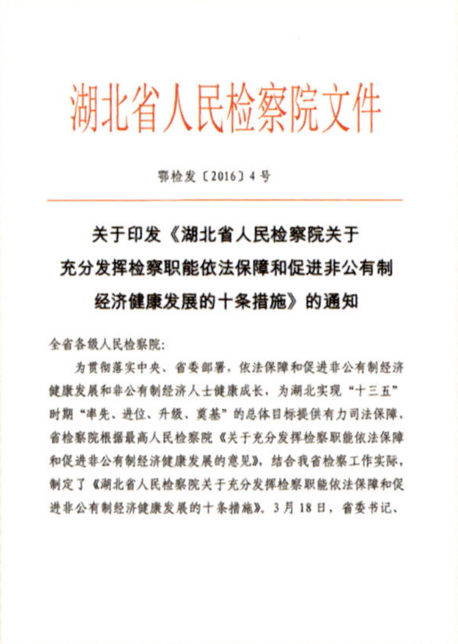

湖北省人民检察院文件

鄂检发〔2016〕4号

**关于印发《湖北省人民检察院关于充分发挥检察职能依法保障和促进非公有制经济健康发展的十条措施》的通知**

全省各级人民检察院：

为贯彻落实中央、省委部署，依法保障和促进非公有制经济健康发展和非公有制经济人士健康成长，为湖北实现“十三五”时期“率先、进位、升级、奠基”的总体目标提供有力司法保障，省检察院根据最高人民检察院《关于充分发挥检察职能依法保障和促进非公有制经济健康发展的意见》，结合我省检察工作实际，制定了《湖北省人民检察院关于充分发挥检察职能依法保障和促进非公有制经济健康发展的十条措施》。3月18日，省委书记、

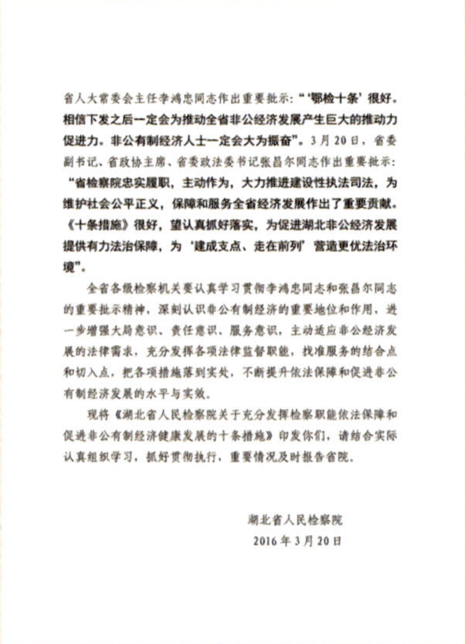

省人大常委会主任李鸿忠同志作出重要批示：“**‘鄂检十条’很好。相信下发之后一定会为推动全省非公经济发展产生巨大的推动力促进力。非公有制经济人士一定会大为振奋**”。3月20日，省委副书记、省政协主席、省委政法委书记张昌尔同志作出重要批示：“**省检察院忠实履职，主动作为，大力推进建设性执法司法，为维护社会公平正义，保障和服务全省经济发展作出了重要贡献。《十条措施》很好，望认真抓好落实，为促进湖北非公经济发展提供有力法治保障，为‘建成支点、走在前列’营造更优法治环境**”。

全省各级检察机关要认真学习贯彻李鸿忠同志和张昌尔同志的重要批示精神，深刻认识非公有制经济的重要地位和作用，进一步增强大局意识、责任意识、服务意识，主动适应非公经济发展的法律需求，充分发挥各项法律监督职能，找准服务的结合点和切入点，把各项措施落到实处，不断提升依法保障和促进非公有制经济发展的水平与实效。

现将《湖北省人民检察院关于充分发挥检察职能依法保障和促进非公有制经济健康发展的十条措施》印发你们，请结合实际认真组织学习，抓好贯彻执行，重要情况及时报告省院。

湖北省人民检察院

2016年3月20日

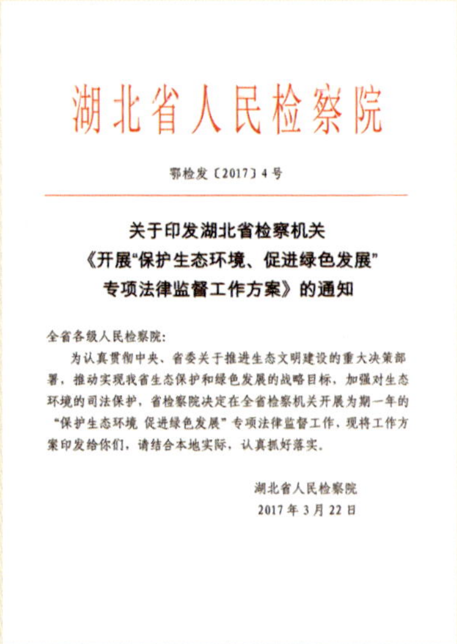

湖北省人民检察院

鄂检发〔2017〕4号

**关于印发湖北省检察机关《开展“保护生态环境、促进绿色发展”专项法律监督工作方案》的通知**

全省各级人民检察院：

为认真贯彻中央、省委关于推进生态文明建设的重大决策部署，推动实现我省生态保护和绿色发展的战略目标，加强对生态环境的司法保护，省检察院决定在全省检察机关开展为期一年的“保护生态环境 促进绿色发展”专项法律监督工作，现将工作方案印发给你们，请结合本地实际，认真抓好落实。

湖北省人民检察院

2017年3月22日

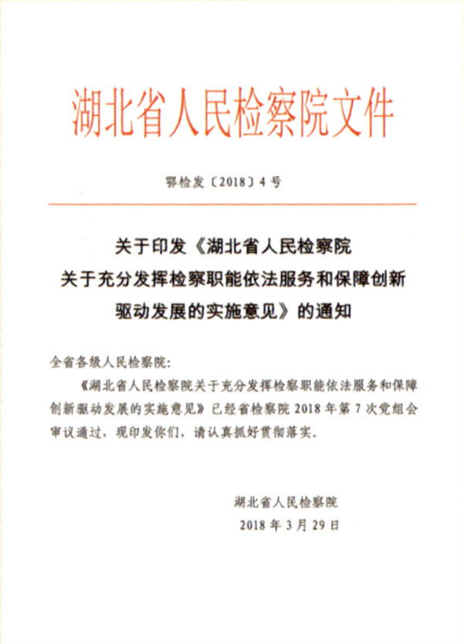

湖北省人民检察院文件

鄂检发〔2018〕4号

**关于印发《湖北省人民检察院关于充分发挥检察职能依法服务和保障创新驱动发展的实施意见》的通知**

全省各级人民检察院：

《湖北省人民检察院关于充分发挥检察职能依法服务和保障创新驱动发展的实施意见》已经省检察院2018年第7次党组会审议通过，现印发你们，请认真抓好贯彻落实。

湖北省人民检察院

2018年3月29日

◎ 湖北省检察院制定的“鄂检十条”“环保专项”“服务创新”等文件

◎ 湖北省检察院检察长王晋调研东风商用车重卡新厂

◎ 江陵县检察干警到田间地头开展普法工作

## “鄂检十条”助力非公经济发展

为认真贯彻落实中央、最高检、省委关于服务非公经济发展的决策部署，2016年3月20日，湖北省检察院制定出台了《关于充分发挥检察职能依法保障和促进非公有制经济健康发展的十条措施》（简称“鄂检十条”），随后在全省检察机关部署开展了“侵犯非公有制企业合法权益违法犯罪专项法律监督工作”。3月23日，省检察院组织召开非公有制经济企业家代表座谈会，充分听取非公有制经济人士代表意见建议。10月14日，鄂湘赣三省检察机关共同签署了《关于依法保障和促进非公有制经济健康发展的合作意见》。4月5日、8月10日、12月29日，省检察院三次召开服务非公经济发展新闻发布会，并发布了湖北检察机关服务非公经济发展的10个典型案例。

◎ 2016年3月23日，湖北省检察院组织召开非公有制经济企业家代表座谈会

◎ 恩施市检察院干警到恩施市长源轴承制造有限公司了解企业经营状况，听取企业对检察工作意见建议

◎ 黄石市检察干警到企业问需问计问策，助力非公经济发展

◎ 2016年，湖北省检察院召开“充分发挥检察职能，依法保护和促进非公有制经济健康发展”新闻发布会

## “保护生态环境、促进绿色发展”专项法律监督工作

为认真贯彻中央、省委关于推进生态文明建设的重大决策部署，推动实现湖北生态保护和绿色发展的战略目标，加强对生态环境的司法保护，2017年3月22日，湖北省检察机关召开电视电话会议，部署开展为期一年的“保护生态环境、促进绿色发展”专项法律监督工作。3月31日，省检察院召开工作推进会，要求将环保专项作为2017年工作的“重头戏”，在认识上聚焦、行动上聚力，努力把这项工作打造成为服务大局的亮点、推动工作的重点、提升公信的赢点。5月22日，湖北省第十二届人民代表大会常务委员会第二十八次会议听取了湖北省检察院党组书记、检察长王晋所作的省检察院关于生态保护案件办理情况的报告。7月4日，省检察院在黄冈召开推进会，要求各地进一步深化认识，进一步强化办案工作，进一步更新理念，进一步细化实化措施，推动工作提质增效。9月8日，省检察院召开新闻发布会，向新闻媒体介绍专项工作开展以来的做法和成效，发布10个典型案例。针对影响和破坏生态环境资源的突出问题，湖北检察机关充分发挥“惩治、预防、监督、教育、保护”等各项检察职能作用，取得了阶段性成果，一批群众反映强烈的环境污染问题得到了有效解决。

◎ 2017年5月22日，湖北省检察院党组书记、检察长王晋向湖北省人大常委会作关于生态保护案件办理情况的报告

◎ 湖北省检察机关干警在办理环境污染案件时到现场调查取证

◎ 宜城市检察院检察干警在“保护生态环境、促进绿色发展”专项法律监督工作中，到户外调查取证

◎ 湖北省检察院召开“保护生态环境、促进绿色发展”新闻发布会，向媒体通报十大典型案例

## 服务和保障创新驱动发展专项法律监督工作

为全面落实中央、省委实施创新驱动发展战略的重大决策部署和最高检服务创新发展的部署要求，2018年3月，湖北省检察院制定了《湖北省人民检察院关于充分发挥检察职能依法服务和保障创新驱发展的实施意见》（简称“九条意见”）和《湖北省人民检察院服务和保障创新驱发展专项法律监督工作方案》。省委书记蒋超良、省长王晓东、省委政法委书记王祥喜等领导专门作出批示，对“九条意见”给予充分肯定。4月4日，全省检察机关召开专项工作动员部署会。9月6日，省检察院在荆州召开现场推进会。10月12日，省检察院召开专题新闻发布会，向新闻媒体和社会各界通报典型案例。2018年，全省检察机关广泛走访科技、教育等部门以及高校、科研机构、企业，依法从严办理侵害创新创业主体权益的违法犯罪案件2948件。依法监督撤案、建议解除羁押、不批捕、不起诉707人次，切实保护创新者、支持创业者、宽容失误者、惩治犯罪者。

◎ 2018年4月4日，湖北省检察机关召开电视电话会议，部署服务和保障创新驱动发展专项法律监督工作

◎ 为推动服务和保障创新驱动发展专项法律监督工作深入开展，湖北省检察院检察长王晋在黄冈调研期间，专程赴李时珍医药集团调研，向企业问需问计

◎ 2018年5月4日，十堰市竹山县检察院干警到湖北金草堂药业有限公司开展服务和保障创新驱动发展专项法律监督工作

## 服务长江经济带发展

湖北省检察机关牢记习近平总书记嘱托，始终坚持生态优先、绿色发展的理念，把修复长江生态环境摆在压倒性位置，依法履职尽责，坚持回应人民群众关切。省检察院专门召开“长江流域生态保护公益诉讼专项行动新闻发布会”，发布湖北检察机关长江流域生态保护公益诉讼十大典型案例，宣布将开展为期一年半的长江流域生态保护公益诉讼专项行动。与长江水利委员会、长江航务管理局建立三方协调合作机制，护航长江生态。深化鄂湘赣三省检察机关服务长江中游城市群建设合作机制，确保服务长江经济带发展取得实效。长江流域生态保护公益诉讼专项行动开展以来，截至2018年底，全省检察机关共摸排长江流域生态环境和自然资源保护领域公益诉讼案件线索1031件，立案1003件，发出诉前检察建议和公告953件，起诉100件，督促治理被污染的水域6.3万亩、土壤198亩、河道岸线96公里、清除垃圾和固体废物42万吨。

◎ 2018年11月，鄂湘赣三省检察机关召开服务长江中游城市群建设第四次工作联席会议

◎ 2008年11月2日，湖北省人民检察院与长江水利委员会、长江航务管理局建立三方协调合作机制，护航长江生态

◎ 湖北省检察机关对口援建西藏自治区山南市检察机关

◎ 湖北省检察院党组副书记、副检察长王永金代表湖北检察机关向新疆博州检察机关捐赠援助资金

# 三、维护稳定

近年来，全省检察机关深入贯彻总体国家安全观，自觉把维护公共安全放在维护最广大人民利益中来认识，放在推进国家治理体系和治理能力现代化中来把握，坚持一手抓从严从实从细保安全、护稳定工作，一手抓深入解决源头性、基础性问题，依法履行批捕、起诉等职能，严厉打击危害国家安全和群众安全感的刑事犯罪，深入推进扫黑除恶专项斗争，不断创新检察环节参与社会治理的具体措施，妥善处理群众信访，有力维护了国家安全和全省社会大局稳定。

◎ 2018年10月17日，省级检察院检察长座谈会在湖北武汉举行。张军检察长强调，要以习近平新时代中国特色社会主义思想为指引，认真贯彻落实全国扫黑除恶专项斗争推进会和政法队伍建设座谈会精神，进一步增强“四个意识”、坚定“四个自信”、做到“两个维护”，以钉钉子精神抓好扫黑除恶专项斗争、政法队伍建设等各项工作

## 以“三个统一”推动扫黑除恶专项斗争向纵深发展

在开展扫黑除恶专项斗争工作中，湖北省检察机关始终坚持“除恶务尽与坚守法治相统一、案件办理与综合治理相统一、协调配合与监督制约相统一”的“三个统一”原则，强化政治担当，推动各项工作向纵深发展。省检察院专门出台了“十条措施”，开展专项调研，多次召开工作部署会和推进会，切实做好检察环节的各项工作。

◎ 2018年3月26日，由钟祥市检察院起诉的孔令军、孔令洲等19人涉黑案公开开庭审理

◎ 2018年7月30日，由大冶市检察院起诉的乔曙光等31人涉黑案公开开庭审理

2018年9月19日，省检察院召开主题新闻发布会。2018年10月16日至17日，全国扫黑除恶专项斗争推进会在武汉召开。2018年10月16日，张军检察长专程到大冶市检察院调研检察机关扫黑除恶专项斗争工作。2018年10月17日，省级检察院检察长座谈会在湖北武汉举行，张军检察长就抓好扫黑除恶专项斗争工作进行再动员、再部署。2018年11月13日，省检察院召开全省检察机关扫黑除恶专项斗争工作推进会，王晋检察长从八个方面对全省检察机关扫黑除恶专项斗争进行安排部署。2018年，全省检察机关共批捕涉黑恶势力犯罪4602人（其中涉黑犯罪662人），起诉2532人（其中涉黑犯罪655人），监督立案144人，追捕1067人，追诉218人。注重破除“关系网”、打掉“保护伞”，发现并移送相关线索252件。针对犯罪特点、成因，提出加强管理、堵漏建制的检察建议160件。

◎ 2018年8月8日，由鄂州市检察院起诉的熊才祥等31人涉黑案开庭审理

◎ 阳新县检察院干警到乡村开展“关爱留守儿童”活动

◎ 湖北省检察院未成年人刑事检察工作办公室开展“法治进校园”活动

◎ 2017年5月9日，武穴市检察院干警走进校园讲法治教育课。图为检察官为学生答疑解惑

◎ 2017年9月，全省“法治进校园”活动推进会

# 四、反腐倡廉

近年来，全省检察机关深入贯彻全面从严治党要求，认真落实中央、省委关于反腐败斗争的决策部署，坚持“老虎”“苍蝇”一起打，惩治预防两手抓，依法查办和积极预防职务犯罪，圆满完成了中央交办的重大专案办理任务，保持了惩治腐败犯罪高压态势。监察体制改革后，着力探索完善监察委调查与检察机关刑事诉讼程序的无缝衔接配合机制，继续为夺取反腐败斗争压倒性胜利贡献检察力量。

## 追逃追赃工作成效显著

◎ 2016年7月15日，经湖北省追逃办协调督办，湖北省三级检察机关专案工作人员坚持不懈劝返，“百名红通人员”郭廖武从澳大利亚回国投案自首

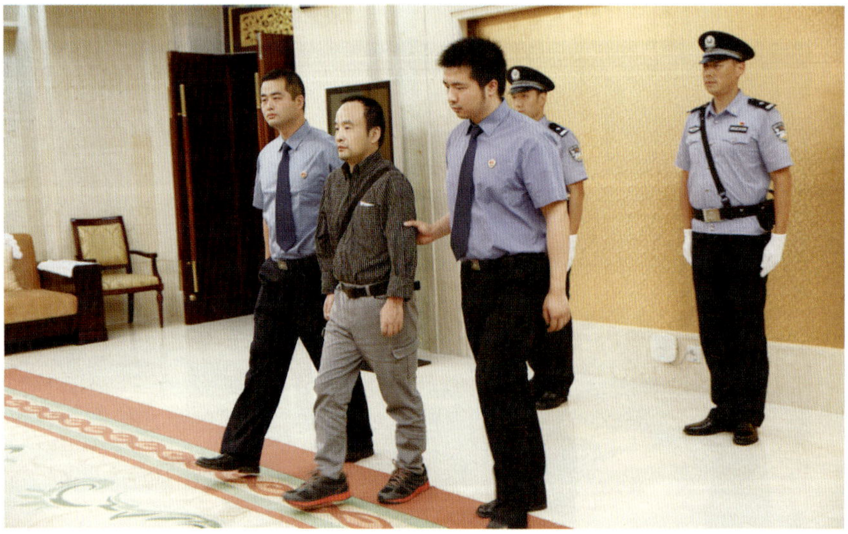

◎ 2016年9月22日，在湖北省检察机关和有关部门不懈努力下，“百名红通人员”蒋谦从加拿大回国投案自首

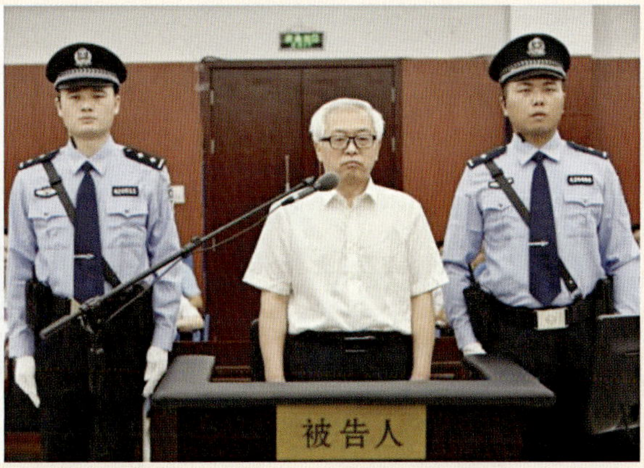


◎ 2017年，荆州、襄阳两地检察机关分别起诉的河南省委原常委、洛阳市原市委书记陈雪枫案，河南省委原常委、原政法委书记吴天君案开庭审理

◎ 2016年12月23日，湖北省检察机关反贪工作会议

◎ 2017年3月9日，湖北省检察机关推进职务犯罪侦查预防工作电视电话会议

◎ 2017年5月16日，湖北省检察院与中国邮政集团公司湖北省分公司在武汉举行联合开展“预防职务犯罪邮路”活动启动仪式电视电话会议

## 顺利完成转隶并继续做好检察环节反腐败工作

2018年1月18日上午，湖北省检察院组织召开机关转隶人员欢送座谈会。会上，王晋检察长真诚祝愿大家以新思想武装头脑，练就过硬本领，快速成长为既懂纪又懂法、会执纪会办案的复合型专门人才；以新状态融入工作，展现蓬勃新气象，成为让党放心、让人民满意的反腐新军；在新岗位策马扬鞭，开创辉煌业绩，为党和国家的反腐败工作再立新功。湖北省检察机关坚决拥护、全力配合改革，全面完成了省、市、县检察机关职务犯罪侦防职能、机构、人员的转隶，全省共转隶检察人员2039人。转隶工作完成以来，全省检察机关继续做好检察环节反腐败工作，积极与监察机关建立健全办案衔接、有关线索双向移送和反馈机制；组建职务犯罪检察机构，共提前介入监察机关调查案件415件；对监察机关移送检察机关依法审查、提起公诉的案件，截至2018年底已决定拘留169人、逮捕345人、起诉248人，出庭支持公诉了李红云、李忠、谢宗孝、汪治怀等重大案件。向纪检监察机关移送公职人员违纪违法犯罪线索456件。

◎ 2018年1月18日，湖北省检察院召开转隶人员欢送座谈会

◎ 时任湖北省检察院党组成员、反渎职侵权局局长杨武力

◎ 时任湖北省检察院党组成员、反贪污贿赂局局长尹晔斌

◎ 2018年1月18日，湖北省检察院领导与全体转隶人员合影

# 五、强化监督

近年来，全省检察机关牢牢把握“国家法律监督机关”这一宪法定位，从深化依法治国实践的全局出发，把法律监督贯穿于全部检察工作中，坚持依法监督、敢于监督、善于监督、规范监督，结合司法体制改革和检察职能调整，不断完善法律监督的范围、方式、程序和格局，构建系统完备、科学规范的检察监督体系，保障宪法法律统一正确实施，维护司法公正和法治权威，努力让人民群众在每一个司法案件中感受到公平正义。

◎ 2017年11月28日，全国检察机关民事行政检察工作座谈会在国家检察官学院湖北分院汤逊园校区举行，最高人民检察院副检察长张雪樵在会上强调，要以习近平新时代中国特色社会主义思想为指导，把人民满意作为衡量公平正义的唯一标准，努力把民行检察打造成民生检察品牌

◎ 2016年5月5日，十堰市郧阳区检察院因该区林业局不依法履行职责，向该区法院提起行政公益诉讼。该案为全省检察机关首例行政公益诉讼案，被最高检评为“标杆案”和“样板案”

◎ 2016年11月15日，湖北省检察机关提起的首例民事公益诉讼案——五洲牧业公司环境污染案开庭审理

◎ 2018年11月28日，湖北省检察院召开民事行政诉讼监督案件专家委员会成立暨首次案件咨询论证会，湖北省检察院检察长王晋为32位专家颁发了聘书

◎ 2018年12月6日，湖北省高级人民法院公开开庭审理被告人万少维故意伤害一案，湖北省人民检察院常务副检察长郑青代表检察机关出庭支持抗诉

# 六、司法改革

近年来，全省检察机关按照中央全面深化改革的总体部署，坚持在大局下谋划、在大势中推进、在大事上作为，遵循司法规律，深化司法体制综合配套改革，全面落实司法责任制、以审判为中心的刑事诉讼制度改革、公益诉讼等各项改革试点任务，创造了一批可复制、可推广的改革经验，检察管理体制和检察权运行机制不断完善，改革的系统性、整体性、协同性不断显现，有效推动了湖北检察工作争先进位、提档升级。

## 深入推进司法责任制改革

◎ 2018年7月19日，湖北省检察院检察长王晋出席熊定宝故意杀人上诉案二审法庭，指控犯罪

◎ 王晋检察长出席二审法庭，指控犯罪

◎ 王晋检察长提讯原审被告人

◎ 王晋检察长在庭审前审查案卷材料

为贯彻落实司法责任制要求，充分发挥示范引领作用，2018年7月19日上午，湖北省人民检察院检察长王晋出席熊定宝故意杀人上诉案二审法庭，指控犯罪。在上诉二审检察环节，王晋检察长对该案卷宗材料进行了全面审查，依法提讯了原审被告人熊定宝，听取了辩护律师和被害人亲属的意见，补充收集了相关证据材料并当庭举证质证，制作了出庭预案和检察员出庭意见书。

◎ 2017年9月，湖北省检察院检察长王晋向省人大常委会专题汇报湖北省检察机关司法体制改革工作情况

◎ 2017年10月，湖北省员额检察官遴选面试期间，湖北省检察院常务副检察长郑青到考场巡视

◎ 2016年3月1日，湖北省检察院举行计入员额检察官宪法宣誓仪式

◎ 2017年10月，湖北省检察院在黄冈召开全省司法责任制改革示范院经验展示会

# 全面推进检察公益诉讼制度

◎ 湖北省检察机关深入推进公益诉讼试点工作会议

◎ 2018年5月24日，湖北省检察院召开全省检察机关学习贯彻省委办公厅、省政府办公厅《关于支持检察公益诉讼工作的意见》电视电话会议

◎ 2017年6月21日，京山市检察院干警深入太子山办理环保案件

## 全面推行认罪认罚从宽制度

根据新修改刑事诉讼法，在武汉试点的基础上，湖北省检察机关从2018年10月底开始全面推行认罪认罚从宽制度。

◎ 2018年12月，湖北省检察院举办全省检察机关实施认罪认罚从宽制度培训暨工作推进会

## 监狱巡回检察改革试点

2018年5月，最高人民检察院将湖北确定为对监狱实行巡回检察的8个试点省份之一。根据《湖北省检察机关对监狱实行巡回检察试点工作实施方案》，武汉市检察院等7个市州检察院以及襄阳、沙洋、江北等3个派出监所检察院为改革试点单位。试点时间从2018年6月至2019年5月，为期一年，将采取日常巡回检察、交叉巡回检察以及专项巡回检察三种方式，对监狱执行刑事诉讼法、监狱法等法律规定情况，对刑罚执行和监管改造活动是否合法实行全面检察。

◎ 刑事执行检察远程视频开庭

# 七、智慧检务

近年来，全省检察机关按照习近平总书记“把深化司法体制改革和现代科技应用结合起来”的指示精神，主动拥抱大数据、人工智能新时代，按照“树立好信息化意识、建设好信息化项目、运用好信息化成果”的总思路，大力实施科技信息综合工程和政法信息化“1234”工程检察项目，稳步推进涉密网、工作网、互联网等“三张网”，数据、视频、语音等“三朵云”，智慧办案、智慧管理、智慧服务等“三大智慧应用系统”建设，以一流的智慧检务建设提升法律监督能力，推动检察工作战略转型，为新时代湖北检察工作全面发展进步提供有力支撑。

◎ 2018年4月，最高人民检察院检察长张军在湖北调研期间，视察湖北省检察院新修建的案件管理中心

◎ 2018年6月11日，湖北省检察院召开全省检察机关智慧检务建设推进会，部署当前和今后一个时期智慧检务工作，为智慧检务建设谋篇布局、规划路径

◎ 湖北省检察院党组副书记、副检察长王永金与省检察院聘请的政法信息化“1234”工程专家团队合影

◎ 公众开放日期间，湖北省部分人大代表应邀视察省检察院新修建的12309检察服务中心

◎ 2018年7月27日，湖北省检察院组织专题会议听取首批智慧公诉试点单位试点工作汇报

◎ 正在建设中的湖北省检察机关科技信息综合楼，图为效果图

◎ 正在建设中的湖北省检察院融媒体中心，图为效果图

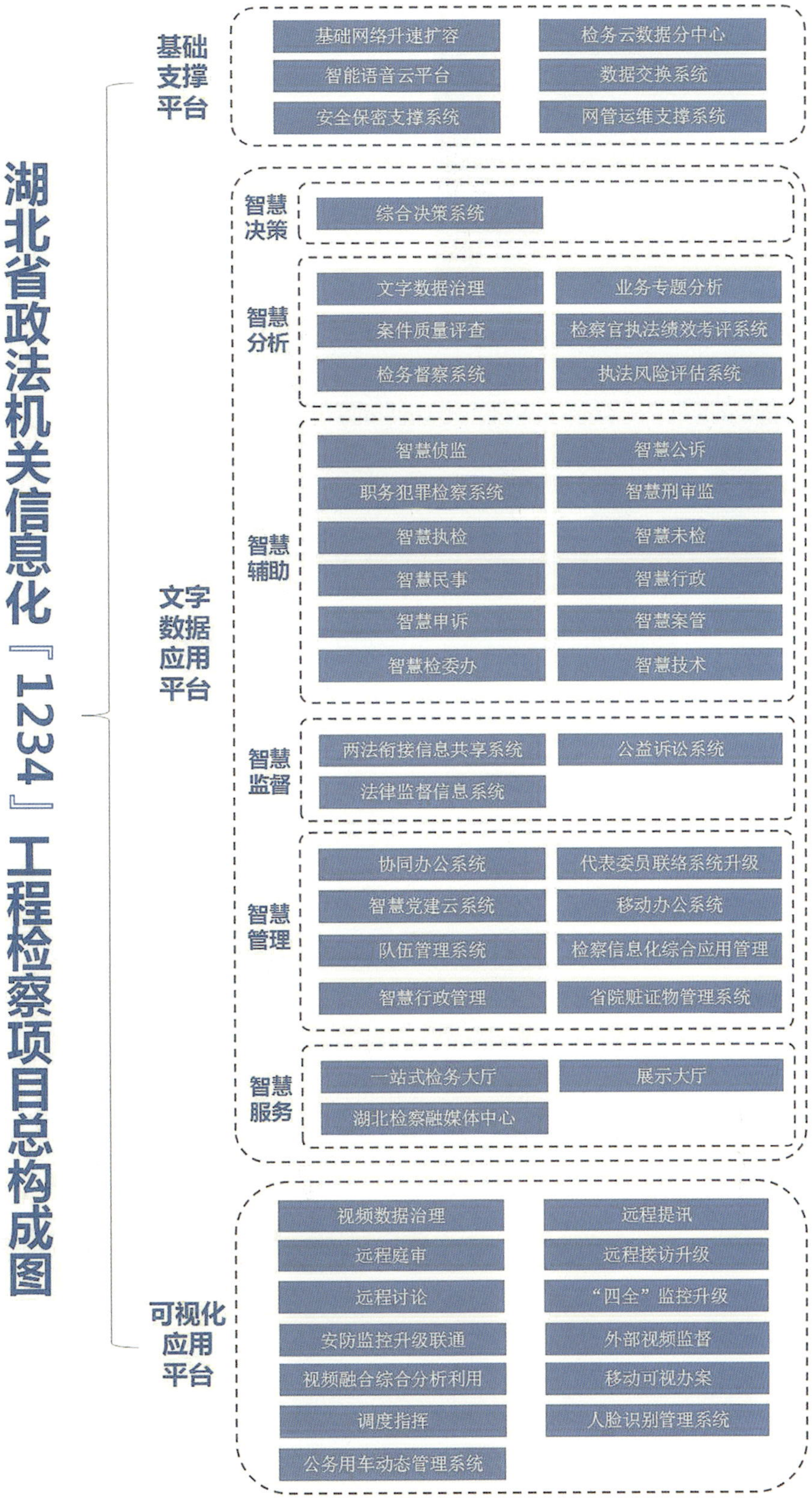


◎ 湖北省政法信息化“1234”工程检察项目总构成图

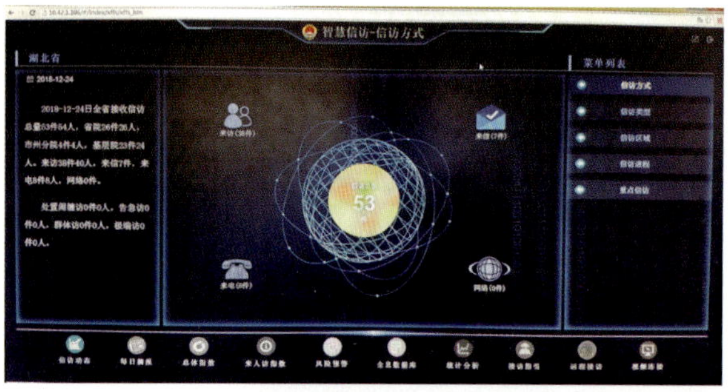


◎ 智慧信访系统

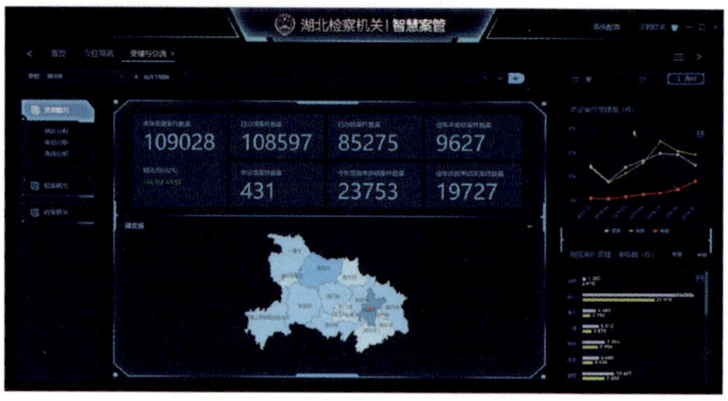


◎ 智慧案管系统

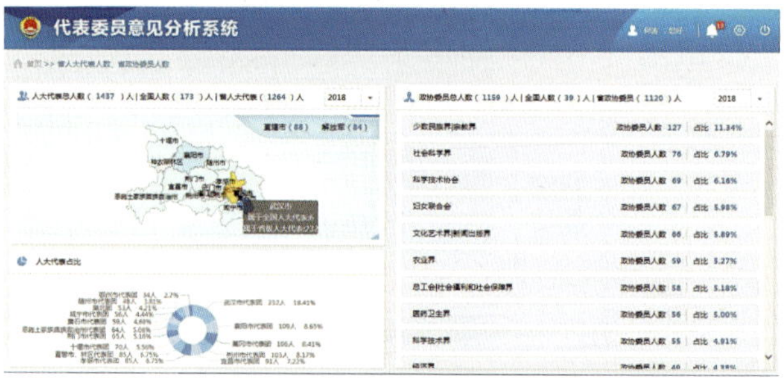


◎ 代表委员意见分析系统

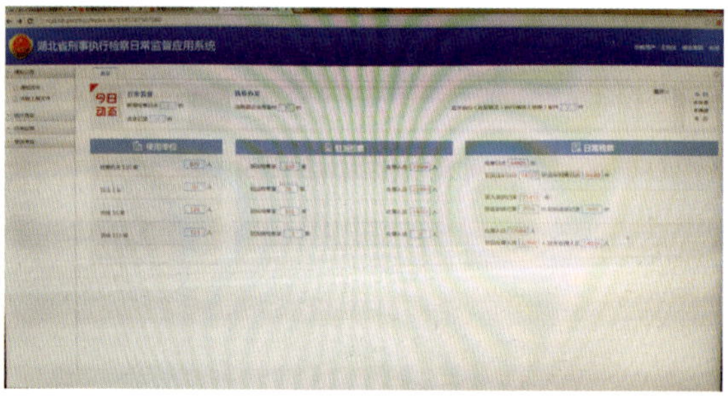

◎ 刑事执行检察日常监督应用系统

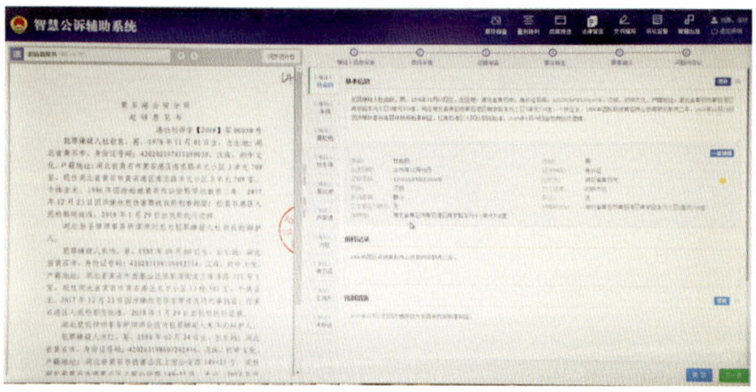


◎ 湖北省检察机关部分智慧应用系统

◎ 智慧公诉辅助系统

# 八、队伍建设

近年来，全省检察机关按照习近平总书记关于政法队伍建设“五个过硬”的总要求，坚持中国特色社会主义政法队伍革命化、正规化、专业化、职业化方向，认真落实全面从严治党主体责任，把政治建设摆在首位，扎实开展“两学一做”“不忘初心、牢记使命”等学习教育和主题教育，牢固树立“四个意识”，坚定“四个自信”，坚决做到“两个维护”，始终同以习近平同志为核心的党中央保持高度一致，深入推进检察队伍政治素质、业务素质、职业道德素质建设，努力打造一支信念坚定、司法为民、敢于担当、清正廉洁的检察队伍。

◎ 2017年10月18日，湖北省检察院机关全体干警集中收听收看党的十九大开幕会

◎ 2017年12月14日，湖北省检察院党组书记、检察长王晋带领湖北省检察院全体干警前往湖北省档案馆，参观“不忘初心、牢记使命——学习贯彻党的十九大精神红色档案史料展”

◎ 2018年12月4日，正值第5个国家宪法日，湖北省检察院举行宪法宣誓仪式，湖北省检察院检察长王晋主持宣誓仪式并监督，省检察院党组副书记、常务副检察长郑青领誓

◎ 2017年5月12日，湖北省检察院机关召开动员部署会，认真学习贯彻中央、省委和最高检关于推进“两学一做”学习教育常态化制度化的重要精神，回顾总结一年来学习教育开展情况，安排部署省院机关“两学一做”学习教育常态化制度化工作

◎ 2018年4月11日，湖北省检察队伍专业化建设推进会在荆州召开

## “国字号”队伍日渐壮大

◎ 2017年10月，在第二届全国检察机关刑事申诉业务竞赛中，荆州市检察院干警潘少菊获得“全国检察机关刑事申诉业务标兵”荣誉称号

◎ 2018年9月，在第二届全国检察机关刑事执行检察业务竞赛中，湖北检察机关1名选手被评为“全国检察机关刑事执行检察业务标兵”，3名选手被评为“全国检察机关刑事执行检察业务能手”，湖北省检察院荣获“优秀组织奖”

◎ 2018年12月10日至12月14日，在第二届全国检察机关未成年人检察业务竞赛中，襄阳市樊城区检察院干警李雪君和武汉市汉阳区检察院干警韩哲昊分获“标兵”和“能手”称号

## 荣获全国基层检察院建设最高荣誉

◎ 武汉市汉阳区检察院荣获首届“守望正义——群众最满意的基层检察院”荣誉称号，该院检察长胡俊受到时任最高人民检察院曹建明检察长的亲切接见

## 全省检察机关先进集体和先进个人表彰大会

◎ 2018年8月29日，湖北省检察院召开全省检察机关先进集体和先进个人表彰大会，省检察院检察长王晋等院领导为湖北五一劳动奖获得者、20个全省检察机关先进集体和先进个人代表颁奖

## 湖北省检察机关5个集体8名个人在全国检察机关第九次“双先”表彰活动中获殊荣

在全国检察机关第九次先进集体、先进个人评选表彰活动中，湖北省当阳市检察院、枣阳市检察院公诉部负责人乔富粤，武汉市汉阳区检察院党组成员、副检察长涂岚被人力资源和社会保障部、最高人民检察院分别授予“全国模范检察院”“全国模范检察官”称号，荆门市东宝区检察院、恩施市检察院、丹江口市检察院、红安县检察院等4个单位被最高人民检察院荣记集体一等功，宜昌市检察院公诉处处长张琴，大冶市检察院党组成员、副检察长刘亮，赤壁市检察院党组成员、副检察长汤葵，省检察院汉江分院公诉处处长李昌明，荆州市检察院控告申诉检察部副处长潘少菊，随州市检察院办公室副主任张东海等6名同志被最高人民检察院荣记个人一等功。2018年11月28日，省委常委、政法委书记王祥喜在省检察院接见了受到表彰的湖北检察英模。省检察院出台决定，号召全省检察机关向获表彰的集体和个人学习。12月18日，省检察院召开庆祝改革开放暨检察机关恢复重建40周年英模事迹报告会，在此次“双先”表彰活动中受到表彰的5位英模代表作了事迹报告，从不同侧面汇报了拼搏进取、创先争优的不凡历程。

◎ 2018年11月28日，湖北省委常委、政法委书记王祥喜接见在全国检察机关第九次“双先”表彰活动中受到表彰的湖北检察英模，并与他们合影留念

◎ 2018年11月27日，最高人民检察院召开庆祝检察机关恢复重建40周年暨全国检察机关第九次“双先”表彰大会，隆重表彰荣获“全国模范检察院”“全国模范检察官”称号和荣立一等功的先进集体、先进个人。本届评选，湖北检察机关有5个先进集体和8名先进个人获得表彰

## 首届湖北省公诉人与律师电视论辩赛

为积极适应司法体制改革和以审判为中心的刑事诉讼制度改革要求，全面提高公诉人出庭能力和与律师辩护水平，推动构建良性互动诉辩关系，2018年4月至8月，省检察院联合省司法厅、省律师协会成功举办了“首届湖北省公诉人与律师电视论辩赛”。比赛分初赛、复赛与决赛三个阶段。4月至5月各市级检察机关与当地司法局、律师协会共同承办，开展了本地区公诉人与律师电视论辩赛初赛。6月15日，省检察院开展了公诉人与律师电视论辩赛检察系统复赛。同期，省司法厅与省律师协会也开展了论辩赛律师系统复赛。8月18日，论辩赛决赛在湖北广播电视台举行。大赛共评选“最佳团队奖”2个，“最佳辩手”2名，“优秀辩手”4名，“优胜辩手”18名，“优秀组织奖”10个。

◎ 参加首届湖北省公诉人与律师电视论辩赛决赛的检察干警

◎ 2018年8月18日下午，由湖北省人民检察院、湖北省司法厅、湖北省律师协会主办的首届湖北省公诉人与律师电视论辩赛决赛在湖北广播电视台2000平方米演播厅拉开帷幕。公诉人与律师双方各派出3支代表队12名选手参赛，上演巅峰对决

◎ 湖北省检察院党组书记、检察长王晋为获奖选手颁奖

## “全省检察文化建设示范院”创建命名工作

2017年，湖北省检察机关组织开展了“全省检察文化建设示范院”创建命名工作。此次创建命名工作是2017年度湖北省检察文化工作的重点内容，从2017年7月启动，共有30个检察院申报参评“全省检察文化建设示范院”。经过对申报单位书面材料初审、组织湖北省检察院25个内设机构民主推荐，对照45项创建标准自评核评，湖北省检察院5个考察组实地考察，17个入围单位在检察专网上公示，并按照“3+5”模式（即3分钟汇报发言、5分钟视频播放）进行集中展示评审，最后综合主要环节结果，经湖北省检察院党组研究决定，10月31日命名12个检察院为“全省检察文化建设示范院”、5个检察院为“全省检察文化建设示范院”提名单位。

湖北省检察机关高度重视检察文化建设工作，认真学习贯彻习近平总书记关于文化建设的系列重要讲话精神，深入贯彻落实中央、湖北省委、最高人民检察院关于加强文化建设的一系列部署要求，坚持以文化人、以文育检、以文聚气，推动了湖北省检察文化建设蓬勃发展。湖北省检察院党组对检察文化建设高度重视，2016年12月下发了《关于开展全省检察机关文化建设示范院创建活动的指导意见（试行）》，各级检察机关文化建设的规划更加明确、组织保障更加有力、设施设备更加健全、环境氛围更加浓郁、载体阵地更加丰富、研究培训更加有效，创建工作呈现出“百花竞放”的繁盛景象。

◎ 2017年组织的“全省检察文化建设示范院”创建命名评审会

◎ 湖北省女检察官协会开展的丰富多采的活动

# 各地风采

GEDIFENGCAI

东风吹绽花千树，姹紫嫣红总为春。

40年来，湖北各地检察机关在中央、最高检、省委、省院的正确领导下，坚持与改革开放同向，与党和人民事业发展同步，与法治中国建设同行，坚持围绕中心、服务大局，强化法律监督，深化司法改革，加强队伍建设，夯实基层基础，主动接受监督，取得了显著成绩，赢得了人民群众和社会各界普遍好评。当前，荆楚各地检察机关千帆竞发、百舸争流，以过硬的业绩践行着“依法履职尽责、服务保障大局”的庄严承诺。

# 一、武汉市检察机关

◎ 2013年9月，时任中央政治局委员、中央政法委书记孟建柱到武汉市东湖新技术开发区检察院视察指导工作

◎ 2018年4月18日，最高人民检察院检察长张军调研武汉检察工作

◎ 2017年11月4日，武汉市江汉区检察院办理的全国首例危害长江资源环境涉黑案件一审开庭，以刘洋、黄华宇为首的16名被告人当堂受审

◎ 2018年7月16日，武汉市武昌区检察院干警出庭公诉全国首例非法中介涉黑案

◎ 2018年3月22日，华中地区涉案金额最大的非法吸收公众存款案件——“财富基石”案一审开庭

◎ 2017年9月21日，武汉市江岸区检察院驻岱家山科技创业城知识产权保护工作站正式揭牌。检察机关将保护的触角延伸到园区企业，为企业知识产权保护提供一站式服务

◎ 2008年5月31日，奥运火炬传递来到武汉市，武汉市江汉区检察院大手拉小手工作室创立者、全国维护妇女儿童权益先进个人郭艳萍参加北京奥运会火炬武汉站传递

◎ 2018年5月4日，在第99个青年节到来之际，武汉市检察院举办第二届检察文化巡礼“书香满院”悦读分享会活动

# 二、黄石市检察机关

◎ 2018年10月16日，最高人民检察院党组书记、检察长张军到大冶市检察院考察调研检察机关扫黑除恶专项斗争等工作

◎ 2018年6月21日，黄石市检察院党组书记、检察长梁莉提审犯罪嫌疑人

◎ 2014年12月25日，黄石市下陆区检察院出庭公诉“11·10”环境污染案。这是湖北省首例砷污染入刑案件，该案涉及6家被告单位、14名被告、49名受害人，涉嫌污染环境罪、非法占用农用地罪“两宗罪”，砷污染覆盖面大，收集证据及认定犯罪难，社会影响恶劣。该案在证据采信、法律适用、刑罚裁量上无案例可循，该案的依法起诉、审判对全省乃至全国办理类似环境污染入刑案件，推进生态法治建设具有一定的借鉴意义

◎ 2013年1月14日，黄石市检察院做客《东楚晚报》“两会热线”，就市民关心的诉讼难、申诉难、维权难，对民事、行政案件裁判不服或举报渎职、经济犯罪等问题与市民互动，并听取意见和建议

◎ 2015年8月20日，黄石市检察院举办首批入额检察官宣誓暨公众开放日活动

◎ 2017年11月，阳新县检察院“网湖湿地生态检察室”在办理一起非法狩猎案时，运用生态补偿机制，引导犯罪嫌疑人出资修复生态，做好保护野生动物的法律宣传员。图为犯罪嫌疑人在网湖湿地设置环保宣传栏

◎ 2018年12月12日，黄石市黄石港区检察院采用无人机为长江非法采砂公益诉讼拍照取证

◎ 2018年4月19日，黄石市西塞山区检察院通过该区公检法三家共建的远程视频庭审系统，完成黄石市远程庭审首秀

# 三、十堰市检察机关

◎ 2018年9月21日，十堰市检察院党组书记、检察长李学武列席十堰市中级法院审判委员会会议

◎ 2018年6月，鄂豫两省携手开展保护生态环境水上巡查

◎ 2018年11月15日，鄂豫陕三省四市检察机关出台九项措施，共同保护南水北调中线工程水源区生态环境保护

◎ 2018年12月5日，十堰市检察院依法提起公诉的陈富刚、周辉、陈磊、周建桥等31名被告人涉嫌组织、领导、参加黑社会性质组织，故意杀人、聚众斗殴、非法拘禁、非法侵入住宅、开设赌场一案在市中级法院公开开庭审理。这是“扫黑除恶”专项斗争开展以来，十堰市检察机关提起公诉的首例涉黑犯罪案件

◎ 2017年5月，郧西县检察院发出的检察建议促使全县800余株古树认定挂牌

◎ 2018年4月19日，十堰市首家生态环境资源保护检察室在丹江口市挂牌

◎ 2018年6月，十堰市郧阳区检察院在办理公安机关提请批捕的涉嫌非法捕捞水产品一案时，首次探索水生态修复补偿工作，犯罪嫌疑人购买鱼苗投放汉江，以修复补偿水生态，争取从宽处理。图为犯罪嫌疑人自愿购买鱼苗5万尾投放汉江

◎ 2017年11月6日，十堰市检察系统第三届职工运动会开幕

# 四、宜昌市检察机关

◎ 宜昌市检察院党组书记、检察长毕奎明出庭公诉一起故意杀人案

◎ 鲁藏全国人大代表认真听取宜昌检察机关服务兴发集团创新发展务实举措

◎ 2018年7月2日，由宜昌市猇亭区检察院提起公诉的一起污染环境刑事附带民事公益诉讼案在猇亭区法院公开开庭审。该案为最高人民检察院、公安部等联合督办的案件

◎ 2017年3月16日，秭归县检察院配专班出庭审理湖北省首例跨区域环境保护行政公益诉讼案

◎ 2018年10月25日至10月26日，枝江市检察院干警出庭公诉何某某等14人组织、领导、参加黑社会性质组织案

◎ 2017年3月28日，当阳市检察院“企业法律维权服务岗”在葛洲坝当阳水泥有限公司挂牌成立

◎ 2018年5月18日，宜昌市猇亭区检察院启动“打造厂门口的检察院服务企业发展”检企文化节

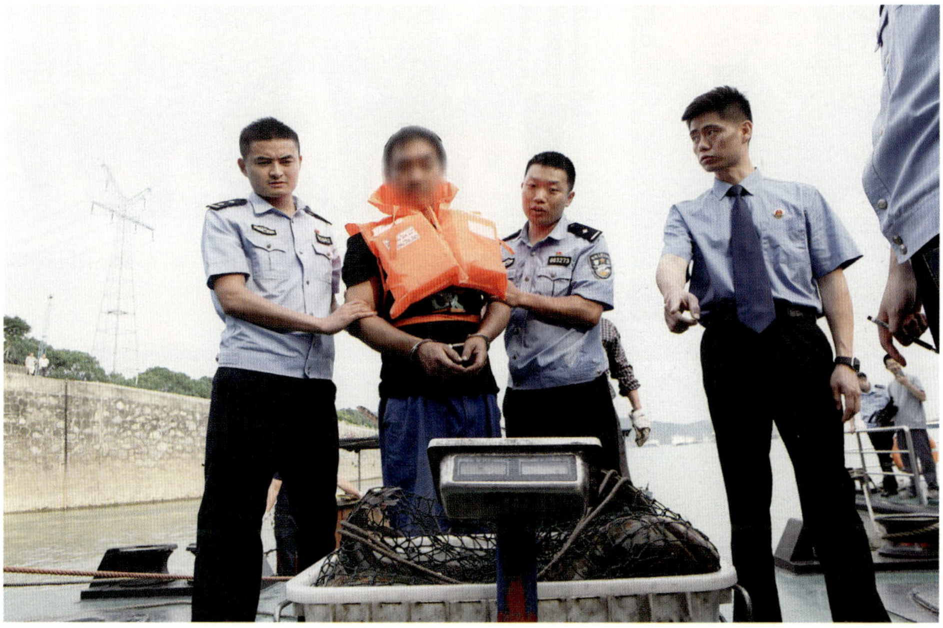

◎ 2018年6月4日，宜昌市伍家岗区检察院环保办案组提前介入一起特大非法捕捞水产品案件

# 五、襄阳市检察机关

◎ 襄阳市检察院党组书记、检察长常本勇出庭公诉一起制造毒品案

◎ 2015年7月20日，襄阳市检察机关出庭公诉王永春受贿、巨额财产来源不明、国有公司人员滥用职权案

◎ 2016年4月8日，枣阳市检察院联合市食药监局、市卫计局等相关部门对“问题疫苗”进行专项检查

◎ 2018年12月，襄阳市检察院宪法宣誓现场

◎ 2017年10月，宜城市检察院检察干警与水务局工作人员深入汉江河滩检查网箱养殖取缔情况。截至目前，汉江宜城段河道网箱养殖全部拆除

◎ 2016年10月17日，宜城市检察院检察官走访大为磷制品有限公司。该院认真贯彻落实“鄂检十条”，主动为企业提供多方位服务，帮助企业扭亏为盈

◎ 老河口市检察院参加该市纪念改革开放40周年合唱比赛

◎ 2017年5月25日，襄阳市检察干警开展法治进校园活动

# 六、鄂州市检察机关

◎ 2014年6月23日，全国模范检察官、鄂州市检察院公诉处处长李晓宝在参加全国检察机关"坚守职业良知，践行执法为民"先进事迹报告会前，与时任最高人民检察院党组书记、检察长曹建明等最高检领导合影

◎ 2018年7月19日，鄂州市检察院党组书记、检察长卢杰昌调研长江鄂州段生态环境建设情况

◎ 山西省部分全国人大代表视察鄂州市华容区检察院

◎ 2018年12月4日，鄂州市检察院举行宪法宣誓活动

◎ 2016年7月14日，鄂州市检察院举行模拟检委会。2016年5月到12月期间，鄂州市检察院举办“以审判为中心刑事诉讼制度改革”综合演练，涵盖文书制作，模拟检委会、模拟庭审等环节，以推动“以审判为中心刑事诉讼制度改革”在鄂州检察机关落地落实

◎ 2015年1月6日，鄂州市华容区临江乡村民熊某为鄂州市检察院送来一面锦旗。熊某为一起故意伤害（致人死亡）案件被害人母亲，其子熊某因与他人发生矛盾被砍伤致死，其儿媳丢下两个不满十岁孩子离家出走，熊某身患多种重病，家庭十分困难。办案检察官了解情况后，主动开展救助活动，及时将救助款发放到位，解了当事人的燃眉之急

◎ 2018年7月14日，鄂州市检察院公益诉讼宣传队在该市凤凰广场为市民提供法律咨询服务

◎ 2018年11月16日，鄂州市华容区检察院开展“与法同行、健康成长”研学活动，邀请45名《鄂州日报》小记者走进鄂州市华容区检察院近距离了解检察机关

# 七、荆门市检察机关

◎ 2017年12月8日，荆门市检察院党组书记、检察长雷爱民出庭指控一起由债务纠纷引发的命案

◎ 2016年3月1日，荆门市40名首次计入员额检察官庄严宣誓

◎ 2018年8月10日，沙洋县检察院干警出庭公诉廖海滨等30人特大涉黑案

◎ 2018年11月27日，在全国检察机关第九次先进集体、先进个人“双先”表彰大会上，荆门市东宝区检察院被最高人民检察院荣记“集体一等功”

◎ 2017年12月22日，沙洋县检察院特邀沙洋县人大、政协代表参观落成的案管中心大楼，案件管理部工作人员演示案件信息显示屏、电子卷宗制作、涉案物品保管等各项智能化设施

◎ 2018年5月10日，荆门市掇刀区检察院在全省率先成立高新企业检察服务工作室，服务和保障创新型产业聚集区建设，助力荆门高新区·掇刀区创新驱动发展战略实施。通过精准定位，主动对接企业发展需求，发挥检察职能，主动优化企业营商环境，延伸职能，为创新驱动发展提供优质法律“供给”

◎ 2018年7月25日上午，沙洋监狱管理局、沙洋地区检察院驻监所检察室、沙洋县法院代表，到沙洋县检察院就该院研发、使用的驻所检察智能终端系统进行学习交流

◎ 2017年，荆门市检察院莫愁工作室检察官对未成年被害人做心理疏导

◎ 荆门市东宝区检察院开展法治进校园活动

# 八、孝感市检察机关

◎ 2015年9月15日，全国检察机关刑事申诉检察工作座谈会在孝感举行，强调以司法办案和队伍建设为主，着重从纠防冤错案件、规范司法行为、深化检务公开和开展反向审视四个基本方面谋划和推进刑事申诉检察工作。时任最高人民检察院副检察长姜建初出席会议并讲话

◎ 2018年4月19日，孝感市检察院党组书记、检察长黄达亮出庭公诉一起故意伤害案

◎ 2017年6月12日，孝感市检察机关预防职务犯罪邮路活动启动仪式

◎ 2016年3月1日，孝感市检察院首批计入员额检察官集体宣誓仪式

◎ 2013年3月1日，全省职务犯罪量刑规范化试点工作汇报会在孝感召开

◎ 2018年8月27日，由孝感市检察院、孝感市司法局、孝感市律师协会主办，孝感广播电视台承办的首届孝感市公诉人与律师电视论辩赛开赛。大赛得到了社会各界的广泛关注和大力支持，孝感电视台开通全程网络直播，2万余名网友观看直播参与互动

◎ 2016年1月12日，由中央网信办网络新闻信息传播局、移动网络管理局同时指导，中央网信办《网络传播》杂志与《今日头条》主办、首都互联网协会协办的“端·政——数说政务新媒体”大会在北京盛大举办。孝感市检察院荣获2015年度“最具影响力检务头条号”奖项

# 九、荆州市检察机关

◎ 2016年12月，荆州市检察院党组书记、检察长汪存锋提审犯罪嫌疑人

◎ 2017年5月，荆州市检察院干警出庭公诉原河南省委常委、洛阳市原市委书记陈雪枫案

◎ 2015年6月，“东方之星”事件中，监利县检察院干警展现小城大爱精神，积极投入求助安抚工作。图为无锡市人民政府副市长刘霞为监利县检察院送锦旗

◎ 2015年12月，反映公安县检察院已故干警陈祖举英雄事迹的话剧首映

◎ 2016年9月，荆州市检察院组建“服务非公经济预防团、诊疗队”走进荆州开发区

◎ 2017年5月，荆州市检察院反贪局开展“百日攻坚”清理积案行动

◎ 2017年7月31日，石首市检察院检察官带领环保专项监督工作组一行来到该市白鳍豚国家级自然保护区监督鱼苗投放

◎ 2018年3月14日，荆州市沙市区检察院青年干警录制未成年人自我保护系列节目《沙检君读故事》

# 十、黄冈市检察机关

◎ 2013年9月11日至12日，时任最高人民检察院副检察长姜建初率最高检与各民主党派中央、全国工商联和无党派人士联合调研组来黄冈就“行政诉讼中的检察监督和对诉讼之外的行政违法行为的检察监督问题”进行专题调研

◎ 2016年7月13日，湖北省检察院党组书记、检察长王晋一行到团风县抗洪一线，慰问检察干警，指导检察机关抗洪救灾工作

◎ 时任黄冈市检察院党组书记、检察长冯新华向市人大作检察工作报告

◎ 2018年10月26日，黄冈市检察院召开新闻发布会，向媒体记者通报黄冈市检察机关开展“服务和保障创新驱动发展”专项法律监督工作成效

◎ 2016年9月26日，全国人大常委会委员、大寨村党支部书记郭凤莲等山西代表团的9位全国人大代表视察黄冈市检察工作

◎ 2017年8月1日，黄冈市检察院举行该市首届“人民满意检察官”展播评选活动

◎ 2014年10月29日，全省检察机关司法警察大练兵活动汇演考核评比在武汉举行，黄冈市检察机关代表队荣获一等奖。图为黄冈市代表队列队表演

# 十一、咸宁市检察机关

◎ 2013年9月23日，中共中央政治局委员、中央政法委书记孟建柱到咸宁调研

◎ 2014年10月16日，最高人民检察院检察长曹建明视察咸宁市检察院

◎ 2017年11月15日，咸宁市检察院党组书记、检察长罗堂庆出庭公诉洪某某故意杀人案

◎ 2014年3月31日至4月19日，“1·10”案7个案件同时开庭审理，咸宁市检察院27名公诉人分别依法出庭支持公诉，对应49名辩护人，指控刘汉、刘维等36名被告人涉嫌组织、领导、参加黑社会性质组织、故意杀害等15项罪名

◎ 2018年10月16日至19日，阮建国、佘益功等23人涉嫌组织、领导、参加黑社会性质组织罪、强迫交易罪、对单位行贿罪、寻衅滋事罪、故意伤害罪案在咸宁市咸安区人民法院开庭审理

◎ 2014年11月19至20日，全国法治人物颁奖晚会在北京举行，咸宁市检察院李学武、陈利、王琼荣获全国法治人物表彰

◎ 2016年12月底，第四届法治微电影大赛评选结果揭晓，咸宁市检察院推送的《心结》斩获“琼花奖”、2016中国·昆山第四届法治微电影大赛最佳男主角及人气影片网络票选第二名。《心结》是咸宁市检察院青年干警自编自导自演的首部法治微电影，取材自该院办理的真实案例

◎ 2018年12月28日，咸宁市检察院举办“庆祝改革开放暨检察机关恢复重建40周年文艺作品展示会”，以歌舞、朗诵、相声、鼓乐等形式多样的文艺演出向改革开放和检察机关恢复重建40周年献礼，并为从检满30年的干警代表颁发检察荣誉章

# 十二、随州市检察机关

◎ 2018年10月17日，随州市检察院党组书记、检察长洪领先出庭公诉一起故意杀人案

◎ 2016年3月1日，随州市检察院首次计入员额检察官宪法宣誓仪式

◎ 2016年9月13日至14日，全省刑事抗诉案件观摩庭暨刑事抗诉工作推进会在随州召开

◎ 2009年10月28日，全省最“年轻”的基层检察院——随县检察院挂牌成立时全院干警合影

◎ 2016年9月21日，随州市检察院召开“侵犯非公有制企业合法权益违法犯罪专项法律监督工作”推进会

◎ 2018年12月18日，广水市检察院办理的连光清、连光辉涉恶犯罪集团案开庭

◎ 2015年7月，随州市检察院开展控申（案管）信息化“大比武”

◎ 2018年12月14日，随州市曾都区检察院诉区水利局不依法履职行政公益诉讼案在区法院开庭审理

◎ 2017年，随州市检察院庆祝建党96周年知识竞赛

# 十三、恩施土家族苗族自治州检察机关

◎ 2017年8月17日，恩施州检察院党组书记、检察长刘恒明对一名涉嫌受贿罪的犯罪嫌疑人进行讯问

◎ 2017年7月22日，解放军代表团全国人大代表到恩施检察机关走访视察工作

◎ 2018年7月，咸丰县检察院办理的王某某羁押必要性审查案，被湖北省检察院表彰为“2017年度全省检察机关刑事执行检察部门羁押必要性审查精品案件”

◎ 2017年5月9日，恩施州检察院干警出庭公诉一起重大案件，中央电视台《庭审现场》栏目现场录播

◎ 2018年4月24日，恩施州检察院服务和保障创新驱动发展检察服务工作站在州高新区挂牌，州检察院安排检察官定期现场办公，为园区市场主体创新创业保驾护航

◎ 恩施州检察院检察官给果乡初级中学的孩子们宣讲未成年人自我保护知识

◎ 咸丰县检察院检察官放生野生大鲵鱼苗及饵料

◎ 恩施州检察院干警在该院文化走廊品读诗词书法作品

# 十四、湖北省人民检察院汉江分院及所属基层院

◎ 2017年11月29日，全省检察机关刑事抗诉工作现场会暨抗诉案件观摩庭评议活动在汉江分院召开。全省检察机关各市州分院相关领导及业务骨干参加会议，省检察院党组副书记、常务副检察长郑青出席会议

◎ 2017年5月12日，湖北省检察院汉江分院提起公诉的中石化财务公司武汉分公司原副经理张才明贪污、受贿、巨额财产来源不明案一审公开开庭审理

◎ 2018年7月25日，湖北省检察院汉江分院办案组对湖北省汉江监狱开展首次日常巡回检察工作。图为汉江分院检察长吴忠良带队查看服刑人员劳动改造情况

◎ 汉江分院为中国石油化工股份有限公司江汉油田分公司领导干部讲授预防职务犯罪专题讲座

◎ 2017年6月9日，湖北省检察院汉江分院党组书记、检察长吴忠良一行走访华润雪花（天门）有限公司

◎ 2017年6月28日，湖北省检察院未成年人刑事检察工作办公室主任夏红为湖北华茂建筑工程有限公司授牌，华茂建工总经理熊卫华接牌，宣布天门市检察院“阳光观护基地”正式成立

◎ 2018年12月4日，湖北省检察院汉江分院控申处向参加“公众开放日”活动的代表介绍该院自主研发的“信访人情绪识别系统”

◎ 湖北省检察院汉江分院开展“青春胡和弦”活动，青年干警一起录制歌曲，感受团队协作的乐趣

◎ 汉江分院升旗仪式

# 十五、湖北省人民检察院武汉铁路运输分院及所属基层院

◎ 2006年6月6日，最高人民检察院、湖北省人民检察院领导为武汉铁路运输分院成立揭牌

◎ 2012年5月5日，武汉铁路检察运输分院整体移交至湖北省检察院。图为湖北省检察院检察长敬大力与武汉铁路局局长余卓民分别代表移交方和接收方签订相关协议

◎ 2017年6月15日，武汉铁路运输分院党组书记、检察长罗继洲就一起涉嫌运输毒品案提审犯罪嫌疑人

◎ 2016年11月28日，解放军团全国人大代表应邀视察武汉铁路局调度指挥中心

◎ 2006年11月，武汉铁路运输分院对震惊全国的关成付特大杀人碎尸案提起公诉

◎ 2016年4月22日，武汉铁路运输分院召开预防联络员工作会议，构建铁检机关和涉铁企业联合预防违法犯罪大格局

◎ 2013年6月25日，武汉铁路运输检察分院在汉口火车站开展举报宣传周活动

◎ 2010年，武汉铁路运输分院干警对喻丽香特大拐卖儿童案提起公诉

# 十六、神农架林区人民检察院

◎ 2017年1月10日，湖北省检察院检察长王晋视察神农架林区检察院工作时与全院干警合影

◎ 2015年11月26日，神农架林区检察院党组书记、检察长谭铁军出庭支持公诉

◎ 2016年2月9日，神农架林区举行首次计入员额检察官宣誓

## 湖北省法学会刑法研究会2017年年会暨“灵秀湖北与生态刑法”高端论坛

◎ 2017年8月11日，神农架林区检察院和林区法院联合举办湖北省法学会刑法研究会2017年年会暨“灵秀湖北与生态刑法”高端论坛

◎ 2017年1月3日，神农架林区检察院深入扶贫村开展法治宣讲

◎ 2016年12月23日，神农架林区检察院办结的张玉荣贪污案被湖北省检察院评选为精品案件

◎ 2012年1月2日，神农架林区检察院承办的神农架梆鼓《人民检察官下乡来》在纪念人民检察制度创立80周年文艺晚会成功演出

◎ 2017年2月24日，神农架林区检察院被授予“全省先进基层检察院”荣誉称号

# 友好往来

YOUHAOWANGLAI

改革开放40年来，湖北检察机关与境外检察机关的交流合作逐渐增多。自1997年以来，我省检察机关多次出境学习考察，参观考察了美国、欧洲、澳大利亚、日本、新加坡、印度尼西亚、南非、以色列、中国香港特区、中国澳门特区等国家和地区；多次参加国际反贪年会和国际学术交流活动；接待了芬兰、老挝、爱尔兰、瑞典、匈牙利等国检察代表团的访问。通过友好往来与国际交流，既开阔了视野，也增进了互信与友谊。

◎ 1988年5月，最高人民检察院副检察长张思卿（前排左五）陪同匈牙利检察代表团到湖北访问考察

◎ 1988年，钟澍钦检察长会见到湖北访问的日本法医界学者

◎ 2005年12月17日，靳军检察长会见到湖北考察的爱尔兰总检察长

◎ 2015年，敬大力检察长率团出访墨西哥

◎ 2017年4月，王晋检察长随最高人民检察院曹建明检察长出访以色列，与以色列总检察长合影

◎ 2015年9月，原常务副检察长张正新随时任最高检政治部王少峰主任出访英国、俄罗斯

◎ 2005年7月，原副检察长王铁民率团赴英国考察

◎ 2011年7月，郑青常务副检察长率团访问澳大利亚

◎ 2015年10月，王永金副检察长率团赴法国进行业务培训，全体学员与法国司法部官员合影

◎ 2017年4月，何畏组长随团出访，图为在波兰华沙市布拉格北区政府交流访问

◎ 2011年10月，许发民副检察长率团赴澳大利亚培训，图为在澳大利亚ICAC公务拜访

◎ 2016年，湖北检察业务代表团赴意大利培训，彭胜坤团长代表培训团全体学员向意大利最高上诉法院检察院总检察长助理夫里维-巴蒂赠送法律书籍

◎ 2012年9月，湖北检察管理业务代表团赴美培训，金鑫团长及全体团员与美国圣地亚哥联邦地区法院法官合影

◎ 2015年12月，杨剑波主任随湖北省检察院考察团出访荷兰

# 检徽熠熠

JIANHUIYIYI

40年春风化雨，几代荆楚检察人奋勇争先，在接续传承中结出累累硕果。一枚枚勋章，一块块奖牌，串联起湖北检察事业蓬勃发展的清晰轨迹，起步的筚路蓝缕、奋斗的风雨兼程、发展的高瞻远瞩、腾飞的雄心大志，再现了湖北检察人励精图治、与时俱进的炽热情怀。

# 先进集体

◎ 全国模范检察院——钟祥市人民检察院

◎ 全国模范检察院——枣阳市人民检察院

全国模范检察院——武汉市汉阳区人民检察院

◎ 全国模范检察院——阳新县人民检察院

◎ 全国模范检察院——武汉市青山区人民检察院

◎ 全国模范检察院——当阳市人民检察院

# 先进个人

## （按姓氏笔画排序）

### 丁锡珍

男，1938年1月出生，初中文化，中共党员，湖北省崇阳县人。1984年元月任崇阳县人民检察院检察长，1999年元月退休。先后荣立个人一等功1次、二等功2次、三等功1次，1984年和1987年两次被授予“湖北省劳动模范”，1986年被全国总工会授予“全国优秀工作者”和全国“五一”劳动奖章，1988年10月受到最高人民检察院通令嘉奖，并授予一级、二级奖章各1枚，1997年被评为全省“优秀检察官”。

### 马俊镠

女，1964年7月出生，荆州市人民检察院副检察长。2006年被最高人民检察院授予“全国模范检察官”称号，2007年被最高人民检察院评为“中国十大杰出检察官”，2007年当选为中国共产党第十七次全国代表大会代表，2008年被全国妇联评为全国“三八红旗手”，2011年当选为中国共产党第十八次全国代表大会代表。

### 王为民

男，1954年2月出生，曾任武汉市人民检察院反贪污贿赂局副局长、武昌区人民检察院检察长。1995年被最高人民检察院记一等功，2002年被最高人民检察院授予“全国模范检察干部”称号，2006年当选“中国杰出检察官”。

## 王丽黎

女，1955年11月出生，曾任汉川市人民检察院副检察长，1991年被最高人民检察院授予“全国优秀刑检干部”称号，1998年被最高人民检察院授予“全国模范检察干部”称号、当选第三届“中国十大杰出检察官”。

## 王怀金

男，1957年12月出生，曾任黄梅县人民检察院检委会专职委员，被评为全国模范检察官、湖北省劳动模范、全省十佳检察官，并荣立一等功；被湖北省委、省政府授予“查办案件先进个人”；被湖北省委政法委授予“全国政法先进工作者”。

## 王顺来

男，1934年8月出生，曾任武汉市江汉区人民检察院检察长。1990年荣获“全国优秀政法工作者”称号、全国“五一”劳动奖章，1993年被最高人民检察院授予“中国十大杰出检察官”称号，1998年被最高人民检察院授予“全国模范检察长”称号。

## 叶子新

男，1946年4月出生，曾任荆门市人民检察院检察长。1994年被最高人民检察院追授“全国模范检察长”称号。

## 乔富粤

女，1974年6月出生，枣阳市人民检察院公诉部负责人。2010年荣获“全国优秀公诉人”称号，2014年被最高人民检察院评为全国检察机关一等功个人，2018年被国家人力资源和社会保障部、最高人民检察院联合表彰为“全国模范检察官”。

## 刘良银

男，1949年5月出生，曾任青山区人民检察院检察长。1998年被最高人民检察院授予“全国模范检察干部”称号，1999年当选“湖北十杰检察长”。

## 孙原琍

女，1955年10月出生，曾任武汉市人民检察院副检察长。1992年被最高人民检察院授予“全国模范检察干部”称号，1997年荣获全国“五一”劳动奖章。

## 李晓宝

女，1972年4月出生，鄂州市人民检察院公诉处处长。2006年荣获“全国优秀公诉人”称号，2012年荣获“首届湖北省十大法治人物”称号，2014年被最高人民检察院授予“全国模范检察官”称号。

## 杨旻

男，1969年9月出生，荆州市人民检察院驻荆州开发区检察处主任。2013年荣获“全国五一劳动奖章”，荣立个人一等功一次、二等功两次，被评为“全国检察系统先进个人”。

## 吴忠良

男，1962年12月出生，湖北省人民检察院汉江分院党组书记、检察长。2004年被湖北省政府授予“湖北省劳动模范”称号，2009年被全国总工会授予“全国五一劳动奖章获得者”称号。

## 吴炳先

男，1963年7月出生，黄冈市人民检察院党组成员、副检察长。2005年4月经国务院批准，被评为“全国先进工作者”。2001年经最高人民检察院批准，记一等功，2003年被中央政法委评为先进工作者。

## 邹进康

男，1959年8月出生，曾任南漳县人民检察院检察长，现任襄阳市人民检察院检察委员会委员。2007年被评为全省十佳检察官，荣立个人一等功，2010年被最高人民检察院授予“全国模范检察官”称号。

## 张传涛

男，1947年8月出生，曾任潜江市人民检察院工会主席，1998年7月因公积劳成疾而殉职，享年51岁。1984年记一等功一次，被最高人民检察院授予“全国模范检察干部”称号，1985年被最高人民检察院授予“全国模范检察干部”称号，1995年被评为“全国先进工作者”。

## 张启纯

男，1959年7月出生，鹤峰县人民检察院副检察长。2014年被人力资源和社会保障部、最高人民检察院评为“全国模范检察官”。

## 陈西平

男，1959年10月出生，曾任丹江口市人民检察院副检察长。1995年被最高人民检察院荣记个人一等功，1996年被湖北省人民检察院授予“省优秀检察官”，2005年被最高人民检察院授予“全国模范检察官”称号。

## 赵建新

男，1949年10月出生，1986年3月转业到武汉市江岸区人民检察院工作，曾任江岸区人民检察院检察委员会专职委员（正处级）。1998年被湖北省人民政府授予“劳动模范”称号，2003年4月被中华全国总工会授予“五一”劳动奖章。曾荣立个人一等功1次、二等功3次、三等功3次。

## 胡仁义

男，1951年12月出生，曾任远安县人民检察院检察长、宜昌市人民检察院副检察长。1995年被最高人民检察院授予“全国模范检察干部”称号。

## 饶明达

男，1951年2月出生，曾任南漳县人民检察院检察长，谷城县人民检察院检察长，襄樊市人民检察院检察委员会委员。2003年被最高人民检察院评为“全国检察机关两房建设先进个人”，2006年被最高人民检察院授予“全国模范检察官”称号。

## 袁群荣

女，1963年1月出生，曾任大冶市人民检察院检察长，现任黄石市人民检察院检委会专职委员。2006年被最高人民检察院记个人一等功，2009年被授予“全国三八红旗手”，2010年荣获“全国模范检察官”称号。

## 徐向京

女，1963年12月出生，鄂州市人民检察院检察委员会专职委员。荣立个人二等功2次，先后被最高人民检察院评为先进工作者，获得湖北省十佳女检察官、湖北省三八红旗手、全国五一劳动奖章等荣誉称号。

## 涂岚

女，1971年3月出生，武汉市汉阳区人民检察院副检察长。2014年被最高人民检察院授予个人一等功，2016年被中华全国总工会授予全国五一劳动奖章，2018年被人力资源和社会保障部、最高人民检察院授予“全国模范检察官”称号。

## 黄金安

男，1963年9月出生，曾任红安县人民检察院检察长。1998年被评为全省优秀检察官，2000年被评为全省优秀青年卫士，湖北省十杰检察长提名奖，2002年被最高人民检察院授予“全国模范检察干部”称号。

## 葛国平

男，1942年1月出生，曾任通城县人民检察院检察长。1995年被最高人民检察院授予“全国模范检察干部”称号，荣立个人一等功。

## 程然

女，1978年1月出生，曾任孝感市孝南区人民检察院党组成员、孝感市人民检察院未成年人刑事检察办公室负责人。2014年被最高人民检察院授予“全国模范检察官”称号，2015年被评为“全国十大法治人物”“守望正义——群众最喜爱的检察官”“CCTV2015年度法治人物”等称号。

# 初心永恒

CHUXINYONGHENG

回首过去，激情澎湃；展望未来，豪情万丈！40年来，一代又一代荆楚检察人始终坚持党的领导和人大监督；坚持检察机关的宪法定位；坚持以人为本、司法为民，把以人民为中心的发展思想作为检察工作的根本出发点和落脚点；坚持服从、服务于党和国家工作大局，立足职能为经济社会发展服务，不断增强服务大局的针对性和实效性；坚持把改革创新写在检察事业发展的旗帜上，用改革的办法解决前进中的问题，脚踏实地做好各项检察工作。

已见繁花结硕果，更立壮志谱新篇。湖北省检察机关将坚持以习近平新时代中国特色社会主义思想为指导，牢牢把握“讲政治、顾大局、谋发展、重自强”的总要求，深化“依法履职尽责、服务保障大局”这条主线，以新理念为引领，以办案为中心，以改革为动力，以过硬队伍建设为保障，大力实施政治建检、业务立检、人才兴检、科技强检、从严治检，深耕细作、务实重行、开拓创新、担当作为，推动各项法律监督职能协调、充分、全面发展，切实维护国家政治安全、确保社会大局稳定、促进社会公平正义、保障人民安居乐业，为谱写新时代湖北高质量发展新篇章，决胜全面建成小康社会、全面建设社会主义现代化强省提供更有力的司法保障！

# 湖北省检察院召开庆祝改革开放暨检察机关恢复重建40周年英模事迹报告会

为学习贯彻习近平总书记在庆祝改革开放40周年大会上的重要讲话精神，以检察事业发展的丰硕成果向改革开放40周年献礼，用检察英模先进事迹激励全省检察机关努力拼搏、奋发有为，推动新时代检察工作取得新成绩、开创新局面，2018年12月18日下午，湖北省检察院召开庆祝改革开放暨检察机关恢复重建40周年英模事迹报告会。

湖北省检察院原党组书记、检察长钟澍钦、靳军受邀参会，湖北省检察院党组书记、检察长王晋出席会议并讲话，党组副书记、常务副检察长郑青主持会议。

◎ 会前，王晋检察长与省检察院原检察长钟澍钦、靳军两位老领导共同佩戴检察荣誉章合影留念

王晋检察长系统回顾了湖北检察机关40年来的发展历程，他指出，恢复重建40年，是湖北检察机关工作思路与时俱进，发展理念接续创新的40年；是湖北检察机关法律监督职能不断完善，监督作用日益彰显的40年；是湖北检察机关检务保障持续加强，科技强检日新月异的40年；是湖北检察机关几代检察人薪火相传，队伍素能持续过硬的40年。

王晋表示，湖北检察机关恢复重建以来取得的发展和成就归功于党的坚强领导，归功于老一辈检察人自强不息、艰苦朴素的坚守，归功于新一代检察人继承创新、奋勇拼搏的赶超，归功于社会各界和人民群众的支持和信任。他代表省院党组，向全省检察机关的老领导、老同志致以崇高的敬意，向奋战在检察一线的全体湖北检察人员致以诚挚的问候，向长期以来关心、支持检察工作的各级党委、人大、政府、政协和社会各界表示衷心的感谢。

◎ 湖北省检察院党组书记、检察长王晋

◎ 湖北省检察院原党组书记、检察长钟澍钦

◎ 湖北省检察院原党组书记、检察长靳军

王晋指出，湖北检察工作的再发展、再进步、再突破，必须牢牢把握新的时代坐标，以习近平新时代中国特色社会主义思想为指引，深入学习贯彻党的十九大精神，秉持和发扬40年来的宝贵经验，讲政治、顾大局、谋发展、重自强，以英模为榜样，以40周年为新起点，进一步强化“四个意识”，坚定“四个自信”，践行“两个维护”，努力在湖北高质量发展和法治建设进程中更加奋发有为。

要始终坚持党对检察工作的绝对领导不动摇，确保检察工作沿着正确方向砥砺前行，在政治上思想上行动上始终同以习近平同志为核心的党中央保持高度一致。

要始终坚持服从大局、服务人民不动摇，努力提供更加优质高效的法治产品、检察产品，不断增强人民群众获得感、幸福感、安全感。

要始终坚持聚焦新时代法律监督职责不动摇，下大气力做实做强做优主责主业，做实刑事诉讼监督，做强民事、行政诉讼监督，做优公益诉讼监督，促进刑事、民事、行政、公益诉讼各项检察监督工作全面平衡充分发展。

要始终坚持探索实践、深化改革不动摇，开拓湖北检察工作创新发展新局面，持续深化司法改革，全面落实司法责任制。

要始终坚持全面从严治党、从严治检不动摇，持续加强过硬检察队伍建设，把检察队伍建设成为既政治过硬又本领高强的革命化、正规化、专业化、职业化队伍。

郑青常务副检察长在主持报告会时表示，全省检察机关、全体检察干警要按照王晋检察长讲话要求，持续深化“依法履职尽责、服务保障大局”这条主线，以新理念为引领，以办案为中心，以改革为动力，以过硬队伍建设为保障，以40周年为新起点新契机，不忘初心、牢记使命，为谱写新时代湖北高质量发展新篇章提供更加有力的司法保障。

◎ 湖北省检察院党组副书记、常务副检察长郑青主持会议

会上，在第九次全国检察机关“双先”表彰活动中受到表彰的五位英模代表作了事迹报告，从不同侧面汇报了拼搏进取、创先争优的不平凡历程。他们的事迹感人至深，催人奋进，彰显了新时代湖北检察干警对党忠诚、信念坚定的政治品格，牢记宗旨、服务群众的为民情怀和无私奉献、勇于担当的奋斗精神，充分展示了湖北检察队伍公正司法、维护正义的职业本色，勤奋钻研、开拓创新的工匠精神和严于律己、清正廉洁的职业操守，为全省检察机关在新时代检察事业创新发展的大潮中奋发有为树立了可亲、可敬、可学的学习典范。

◎ 获得“全国模范检察院”称号单位的代表——当阳市检察院党组书记、检察长李云作题为《在务实重行中打造基层检察院建设的新样板》的事迹报告

◎ “全国模范检察官”、枣阳市检察院公诉部负责人乔富粤作题为《业精于勤　案成于专》的事迹报告

◎ “全国模范检察官”、武汉市汉阳区检察院党组成员、副检察长涂岚作题为《牢记使命创佳绩　重整行装再出发》的事迹报告

◎ 荣立“集体一等功”单位的代表——恩施市人民检察院党组书记、检察长詹晓红作题为《艰苦奋斗谋发展　追赶超越谱新篇》的事迹报告

◎ 个人一等功代表、省检察院汉江分院公诉处处长李昌明作题为《不忘初心　砥砺前行　努力做守护公正的“多面手”》的事迹报告

◎ 湖北省院机关在职干警代表领取检察荣誉章和证书

◎ 湖北离退休老干部代表领取检察荣誉章和证书

# 庆祝改革开放和检察机关恢复重建40周年

◎ 2018年11月30日，湖北省检察院机关全体干警合影

# 湖北省人民检察院全体干警合影 2018.11.30